Schelling lesen

谢林导读

[德] **威尔海姆·G. 雅各布斯** 著

王丁 译

东方出版中心

图书在版编目（CIP）数据

谢林导读／（德）威尔海姆·G.雅各布斯著；王丁译. －上海：
东方出版中心, 2022.10（2024.7重印）

ISBN 978-7-5473-2052-5

Ⅰ.①谢… Ⅱ.①威…②王… Ⅲ.①谢林（Schelling，Friedrich
Wilhelm Joseph von 1775-1854）－哲学思想－研究 Ⅳ.①B516.34

中国版本图书馆CIP数据核字（2022）第161458号

Wilhelm G. Jacobs: Schelling lesen (legenda 3)
© frommann-holzboog Verlag e.K. · Eckhart Holzboog, Stuttgart-Bad Cannstatt 2004
Simplified Chinese Translation copyright © 2022 by Orient Publishing Center.
ALL RIGHTS RESERVED.

上海市版权局著作权合同登记：图字09-2022-0818

谢林导读

著　　者　[德]威尔海姆·G.雅各布斯
译　　者　王　丁
责任编辑　陈哲泓　　时方圆
装帧设计　陈绿竞

出版发行　东方出版中心有限公司
地　　址　上海市仙霞路345号
邮政编码　200336
电　　话　021-62417400
印　刷　者　上海万卷印刷股份有限公司

开　　本　890mm×1240mm　1/32
印　　张　8.125
字　　数　100千字
版　　次　2022年10月第1版
印　　次　2024年7月第2次印刷
定　　价　49.80元

目　录

中译本序言

现在谢林的著作在中国也引起了关注，中国的思想者们也开始努力去理解这些精微的作品，并开始了与谢林的思想对话。如果我的《谢林导读》一书对此有所帮助，那我会感到非常荣幸。

谁若是想理解一位哲学家，那他必须不仅从这位哲学家自身出发，也要从自己出发，从他自己的思想关切出发，让自己自由发问，让自己接受陌生的东西，以满足每个人对真理的热望，如此方能让自己的思想经受质询与检验。这项使命需要人拥有使用自身理智的勇气，而这既是康德的号召，也是他在谢林身上唤起的精神。

或许我会在中国找到思想的同道。在我的祖国，在慕尼黑大学，我与我的学生们就建立起了这种精神的友谊，所以我相信，我完全可以希望在中国也能建立起这种联系。

我要感谢东方出版中心，感谢他们愿意出版拙作。

我也要特别地衷心感谢拙作的译者王丁同志，感谢他付出的努力；我预祝他今后的成就，也珍惜我们之间的友谊。

更希望我的读者朋友们，能从拙作中吸取养分，获得精神上的启发！

威尔海姆·G. 雅各布斯

慕尼黑，2022 年 3 月

前　言

　　眼下这本书的出版是为了纪念 2004 年 8 月 20 日的谢林 150 周年忌辰。对之前举办过的若干次纪念日活动还有印象的人都明白，尽管谢林从未被遗忘，但他还没有得到本该拥有的重视。这不仅是之前若干次纪念日面临的局面，也是整个研究情况面临的局面。尽管在 20 世纪出版了许多意义重大的谢林研究著作，比如霍尔斯特·福尔曼斯（Horst Fuhrmans）、卡尔·雅斯贝尔斯（Karl Jaspers）、瓦尔特·舒尔茨（Walter Schulz）以及泽维尔·蒂耶特（Xavier Tilliette）等人的作品，但整个谢林研究的局面，要伴随着始于 1976 年——也就是谢林 200 周年诞辰的后一年——的《谢林著作集历史考订版》的出版才开始欣欣向荣。而 1986 年国际谢林学会的成立，也为谢林哲学的讨论搭建了世界性的平台，随后，日本也紧跟着成立了自己的谢林学会，它与国际谢林学会联系紧密。谢林哲学相关出版物数量今年急剧攀升，所以可以说，现在的谢林研究局面算得上是蒸蒸日上、硕果累累。

谢林哲学的内在广度已经为人们打开，它的深度也得到了估量。但这一研究过程还会持续相当长的时间，或者说，它还处在试水阶段。所以面对这样的局面，这本小书的目标不在于呈现整个研究领域，甚至做一番综述。关于谢林哲学的对话不可能得到总结，只可能不断被激起。

我的这本小书的目的是努力让人对阅读谢林这件事产生好奇。这就意味着，作者已经预设了谢林是一位颇值得关注的思想家。因为除非谢林的思想已经吸引了作者，否则他也不可能吸引别人来读谢林。所以作为作者，我会从自己的谢林研究角度出发来呈现谢林思想，并尽可能让读者注意到可以在谢林那里产生怎样的一些思考，以期读者能从中有所收获。如果我真能唤起读者的学术热情，那也不是因为我写得有多好，而是因为我们人类正凭着那些永远打动人的深刻且值得高度反思的问题，通过思想找到自己在世界中的位置。

我也要以这本书感谢和怀念我的两位故友，我曾经与他们在谢林研究的战场上并肩战斗过：汉斯·米夏埃尔·鲍姆加特纳（Hans Michael Baumgartner）和弗朗西斯科·莫伊索（Francesco Moiso）。与他们在哲学上的对话和友谊我永志不忘。

威尔海姆·G. 雅各布斯

慕尼黑/弗罗茨瓦夫

2004 年 1 月 27 日

引用体例

对谢林的引用首先依据的是巴伐利亚科学院出版的《谢林著作集历史考订版》（*Historisch-kritischen Schelling-Ausgabe der Bayerischen Akademie der Wissenschaften*），由汉斯·米夏埃尔·鲍姆加特纳（Hans Michael Baumgartner），威尔海姆·G. 雅各布斯（Wilhelm G. Jacobs），约尔格·詹岑（Jörg Jantzen），赫尔曼·科林斯（Hermann Krings）和赫尔曼·泽尔特纳（Hermann Zeltner）主编，斯图加特，frommann-holzboog 出版社，此版简称 AA。其中第 I 编为著作，简称 AA I，第三编为书信，简称 AA III。标在罗马数字之后的阿拉伯数字表卷号，卷号后的阿拉伯数字表页码。

AA I，1，威尔海姆·G. 雅各布斯，约尔格·詹岑，瓦尔特·西克（Walter Schieche）编，1976 年。

AA I, 2，哈特穆特·毕希纳（Hartmut Buchner），约尔格·詹岑编，1980 年。

AA I, 3，哈特穆特·毕希纳，威尔海姆·G. 雅各布斯，安娜玛丽·皮佩尔（Annemarie Pieper）编，1982 年。

AA I, 4，威尔海姆·G. 雅各布斯，瓦尔特·西克编，1988 年。

AA I, 5，曼弗雷德·杜纳（Manfred Durner）编，1994 年。

AA I, 6，约尔格·詹岑，凯·托尔斯滕·康茨（Kai Torsten Kanz），瓦尔特·西克编，2000 年。

AA I, 7，威尔海姆·G. 雅各布斯，保尔·齐克（Paul Ziche）编，2001 年。

AA I, 8，曼弗雷德·杜纳，威尔海姆·G. 雅各布斯编，2004 年。

AA III, 1，伊姆加德·墨勒（Irmgard Möller），瓦尔特·西克编，2001 年。

AA I，曼弗雷德·杜纳，约尔格·詹岑，弗朗西斯科·莫伊索（Francesco Moiso）编，《第 5—9 卷的补充卷：谢林 1797—1900 年自然哲学著作的相关科学史报道与资料》，1994 年。

AA 版暂未收入的谢林著作，会根据谢林之子卡尔·弗里德里希·奥古斯特·谢林（Karl Friedrich August Schelling）所编，从 1856 年开始陆续出版（斯图加特和奥格斯堡）的传世《谢林著作全集》（*Sämmtliche Werke*）引用，此版简称为 SW。其中第二编的卷号会依据常例作 XI—XIV 卷引用。页码会以阿拉伯数字紧随罗马数字之后。

　　康德著作按常规缩写方式引用：

　　《纯粹理性批判》（*Kritik der reinen Vernunft*）= KrV

　　《实践理性批判》（*Kritik der praktischen Vernunft*）= KpV

引　言

眼下这本小册子所属的丛书是一套哲学家导读，这一册新出的是谢林导读。用哲学的"行话"说，这套丛书的目的，是去阐发应当研习这些哲学家的理由。这些理由也会让读者相信，研读诸如谢林这样一位哲学家是有收获的。但这些理由并不是为了去"说服"读者强行接受。毕竟或许对有的人来说，这些理由都不真切，而对有的人来说，这些理由对他进行哲思的自由而言不可或缺。所以只有在人要求自己成为一个独立的共同思考者时，我们提供的这些理由才会让人信服。谁要想进行哲学思考，谁就是在与那些自由的灵魂打交道——据我所知，谢林似乎是唯一一个说过这话的人——而所谓自由的灵魂，就是有勇气"运用他们自己的理智的人"。①

---

① 康德：《回答这个问题："什么是启蒙"?》(1784)，载于《康德全集》，卷VIII，柏林，1923，第35页。

自由地去思想无疑是哲学最原本且必不可少的前提。而另一个前提则是了解哲学的历史，比如谢林就精通哲学两千年来的历史。在他之前，有着一大批思想家，他们都为谢林准备好了论题和难题。在他20岁结束大学学业那年——比一般人早3年——他就已经在哲学史上找准了自己的3个主要致思方向，并且终身钻研它们：柏拉图、斯宾诺莎和康德。其中首先要提的就是康德，谢林终身都在与康德思想进行着紧张的理解性争辩，确切地说，谢林接受了康德思想，也一直在从这种认同出发批判康德，并试图比康德走得更远。在这一点上，谢林与他同时代的另外两位大师费希特和黑格尔并无不同。他们都把康德哲学理解为一个全新开端，并都与康德哲学深有关联。

把谢林与康德比较一番会更清楚：康德在他的批判哲学著作中开启了全新的东西，所以相对来说并没有怎么回溯哲学史。康德的形象是一个哲学的改革者；在他涉及先前的各种哲学学说时，大多数时候他都是批判和划清界限的态度。但德国唯心论者不一样，或者说，受康德哲学革命影响成长起来的年轻一代，呈现出来的面貌并不一样。对他们来说，他们为之欢呼的这场革命是最近的历史事件，一定程度上就是他们的当下，所以已然是他们思想的出发点和基准点了。谢林尤其如此，从他 17 岁提交的第一部正式哲学论文开始，他就不断呈现出带有康德烙印、他那个时代特有的论说风格，尤其呈现出康德本人的那种腔调。

所以进入谢林哲学最好的入门就是稍微了解一下康德。不过这也并不是说，先得狠狠钻研 7 年康德，之后再来狠狠钻研 7 年谢林，没必要这样舍本逐末。毕竟我们不用像雅各那样，为了娶拉结，不得不做两份 7 年的工。[①] 但无论如何，谢林从一开始就正确认识到，他的哲学思考一定要深深植入哲学史，而康德在其中扮演了一个特殊角色。所以在读谢林时，一定要注意康德和哲学史这两个背景。当然了，这是我作为作者，从我自己对谢林的了解出发给的建议；如果说得太绝对，成了一种"强迫"，那就不是哲学应有的姿态了。无论如何，在哲学思考中最重要的事情就是凭着自己特有的姿态开始自己的思考。而不管怎么看，谢林的思考都是以康德开始的。

可既然有了康德，为什么还要读谢林呢？对此来说，有许多非常实用的理由不得不提。且不说进行哲

---

① 见：《圣经·创世记》，第 28 章。

学思考有助于年轻人获得就业机会，这是对所有人都适用的。就那些要做博士论文和教授资格论文的年轻人来说，选择谢林为首要研究对象也极为有益。第一，谢林目前还是一片思想上的富矿。或许并不是所有人都注意到，谢林相关的研究文献数量在这几年迅猛上升。第二，《谢林著作集历史考订版》终究还是在陆续出版，它为进一步的研究提供了坚实基础。在这个新编版里，它已经揭示出很多关于谢林的新东西，比如他的"自然哲学"现在就被视为开辟了对现实进行许多反思的哲学，所以我们可以在谢林的哲学中不断开辟新领域。不过话说回来，如果没有哲学兴趣，我说的这些"实用性"理由的"实用性"也就不可能了。

不过既然提到了"哲学兴趣"，我就要多说一下，为什么需要培养一种其视野超出康德之外的哲学兴趣。确切说，要看到康德的后继者们进一步发挥并实行了什么。至少就这一点来说可以看到，整个后康德唯心论所致力的，就是把在康德那里由于批判而被割裂、分立的东西，整合为体系的统一体。尤其是自由必须在体系中具有中心、而非从属的地位，这一点在康德之后的体系努力中显而易见。虽然对"如何在体系中思考自由"这个问题，后康德的唯心论者有不同回答，但对他们所有人来说，这个问题都是一个主导问题。

谢林以"自由的现实性"为主题来彻底思考上述问题。在谢林看来，自由当然首先是指理性的自律——这也是他从康德那里学到的。但自由不仅仅是"自律"，在谢林看来，人类的自由是"一种致善和致恶的能力"①。甚至在这个问题的提出上，康德也是谢林的先行者，确切地说，在《宗教哲学文集》中他就已经谈到了这点。不过我们也不能据此认为，就文本来看，谢林或康德谁说得更有料，也不能认为，由于谢林过于突出对恶的沉思，因而就要把他的这种做法斥为浪漫主义。谢林并不像人们通常习惯说的，只盯着生命中幽暗的夜晚，因为或许一些一知半解的人其实常常没有注意到，康德早在谢林只有17岁时就开始关注那些幽暗的面向和问题了。但毫无疑问，谢林在《自由论》②中讨论的"如何能在与同自己相关联，即同自己在体系上相关联的对象的关系中，思考人类自由的本质"，是属于他独一无二的问题。所以推动谢林也推动我们必须超出康德的，是"体系"这种哲学兴

① 《论人类自由的本质及相关对象》，SW VII，第352页。（［译注］本译文参考该书先刚译本，北京大学出版社，2019年，页码仍保留德文页码。）
② ［译注］即《论人类自由的本质及相关对象》，简称《自由论》。

趣，而不是有人认为的那种对于"恶"的明确关注，这一点反倒是谢林与康德共有的。

不过即便有共通性，谢林也有思考得更深、走得更远的地方。他考察世界的恶，他还考察世界固有的徒劳和虚妄。他后来也把世界的徒劳和虚妄理解为恶的后果。人类的生命"充满着忙碌和劳作，然而人们并没有看到，有某些东西正在被要求，在真正地逐步达成，这些东西就是人们可以驻留其上，安宁息止的东西"。① 谢林还引用《圣经》的话说"一切都是虚妄"，并接着说，"因为缺乏真正目的的一切都是虚妄的"。既然如此，那么认识到了这种虚妄的人类，也就是一切中最不可把握的东西，所以谢林写道："恰恰是人类，把我推向那个最终的、充满绝望的问题：究竟为什么有某物存在？为什么无不存在?"这个问题乍听起来像是在延续旧形而上学，仿佛是落入了前康德唯理论的那种推理理性中。② 但我们需要细细看这里的上下文！谢林这里是在说，自身不可被自身把握的人类把握到了这样一个实情：他自身不可被自身把握。

---

① ［译注］此处及下文都出自《启示哲学导论》，中译本可参考王丁译，北京大学出版社，2019年，第47—48页。
② ［译注］因为这个问题最初是莱布尼茨提出来的。

所以这个古老的问题被重新提出来。那个唯一应得到把握的存在物，那个其存在就是在进行着把握的存在物，竟然自己把自己把握为了不可把握的！所以这个问题指向的是人类实存的意义，而既然人类之实存处在与整体的关联脉络中，因此这个问题也一并指向了整体的意义。

提出这个问题的，并不是一个匍匐在既有宗教意识形态庇护下的羸弱思想家，而是一个这样的思想家：他深知，人在作为"完全自由、自行产出自身的科学"① 的哲学中，必定要离弃一切表面上看起来颠扑不破的东西。在哲学中"必须离弃一切……乃至神"，因为神也是一个"存在者"，在我们没搞清"存在"以前，一切存在者都是可疑的。所以谢林的思考是一种究竟的、直达根本的思考。而这一点也正是进行哲学思考的人从谢林那里可以感受到的魅力。谢林绝非一个浪荡的浪漫主义者，也绝不是一个虔诚的布道士，他是一个彻头彻尾、以整体为思考目标的哲学家，在任何意义上，谢林的思考都是涉及整体的思考。至于他是否恰切地把握了整体，这其实并不重要，重要的

① 此处及下文都出自 1821—1825 年的《埃尔朗根讲座》，见 SW IX, 217 页。

是能理解并同情他要彻底考察整体并从未止息的那种意志！

所以为什么要读谢林呢？因为谢林是谢林，因为谢林是彻底的，或者说，谢林的思考是刨根问底的，也可以说，谢林的思考是直溯开端的。但除了自由，开端也不可能以其他方式得到把握。而在当今，不管是开端之思还是自由之思，都是越来越值得反思的。而我们要读谢林的原因也恰恰在此！

那这本小书能为大家提供什么呢？其实任何读物都是可替代的，也根本不存在什么"抽象的哲学"。我在这里可以提供的，是关于谢林哲学的一些论题、疑难、论述和指引，它们或许可以激发读者开始去写自己的"小书"。所以接下来要呈现的，将是谢林思想的问题域，确切地说，我会努力让本书的每一个部分都可以独自作为一个问题域供大家参考。

第一章　Rama dama

第二次世界大战之后，面对被炸成了废墟的慕尼黑，当时的市长托马斯·维莫尔（Thomas Wimmer）提出了口号"Rama dama"，翻译成德语的"普通话"就是：我们要在废墟上建设。到今天，这句口号仍是众人皆知的谚语。如果联系到这座城市的一位老市民①，那这句谚语应该也是用得上的。对于谢林研究来说，这话再合适不过了。因为确实有许许多多的瓦砾需要从谢林身上扒拉开。

近来的谢林研究已经把曾经加诸他身上的各种陈词滥调彻底清除了，也清清楚楚地为谢林的形象添上了几分前所未有的特质。这种外部研究环境的改善，

——————————

① ［译注］指谢林。

也使得谢林有必要成为本丛书需要介绍的一个人物。所以从这个理由出发，作为《谢林著作集历史考订版》的编委——在这里我要推荐一下《历史考订版》，它在今天围绕谢林研究的争论中，可以称得上"利器"——我觉得借此机会明确呈现出我们在出版诸如关于谢林的著作时，能产生多大的思想革新的力量也极有意义。我们的《历史考订版》编辑工作始于作为谢林200周年诞辰的1975年，今年（2004年）我们又迎来了他150周年忌辰，在这期间，谢林研究进展喜人，有许多新的方面得到了揭示。这一编辑过程及其出版和与之相关的详细研究，还远远没有结束。毕竟谢林讨论过的哲学主题实在太丰富：自由，历史，艺术，神话，自然，宗教，知识，等等。这种主题的繁多让谢林被称为"哲学的普罗透斯"[①]，这仿佛他的思想缺点因此就是缺乏统一性一样。

自从埃尔哈特（Walter E. Ehrhardt）1975年提出"只有一个谢林"的口号以来，不管是刚刚说的缺乏统一性，还是许多其他掩盖在谢林研究上的瓦砾，都被清扫到了一边。实际上，"只有一个谢林"这个口号所

---

① Ehrhardt, Walter E: *Nur ein Schelling*. ［译注］鉴于本书最后附有参考文献列表，所以正文中只给出作者和标题。

针对的正是"哲学的普罗透斯"这个说辞。更进一步说，用后一个说辞的那些人，实际上是别有用心地想要刻画一种缺乏事实必然性、任意摆荡的思想。但这个绰号所描述的，恰恰只是这本小册子要介绍的那位强而有力、在许多不同论题域中一以贯之地思考唯一一种哲学的思想家的表层罢了。相反，如果能更真诚地承认这点，或许人们也可以从谢林这种千变万化的论说方式中学到一些东西。就像希腊神话里那样，尽管普罗透斯变幻无端，但只要把他从地基上举起来，他就会告诉你真理。

所以读谢林也要如此，他拥有一颗青春炽热的头脑。我们从他的成绩鉴定上可以看到，他的性格特征是勤奋、有条理、孜孜不倦。

人们通常认为，谢林受费希特《论知识学或所谓哲学的概念》的影响进入哲学界。但这既无视了谢林之前的康德研读，也无视了谢林的学位论文做的就是哲学。

人们之前以为，谢林自然哲学是以浪漫的方式越过实在性的东西。但只消再去认真读一读我们《谢林著作集历史考订版》里自然哲学的相关文本，我相信不会还有人敢继续这么胡扯了。

还有人说，卡洛琳娜的死也一并带走了谢林的热情，谢林从那以后就一蹶不振、陷入沉默。但要真是如此，就不可想象谢林之后竟会为《世界时代》呕心沥血到那样的程度，倘若那部也被雅各比亲自证明为作为谢林一切主张的代表《世界时代》真印出来了，并且得到与它在谢林思想历程中相匹配的影响，那还会有人借卡洛琳娜之死说事吗？

也有人说，在《世界时代》各个手稿里，只看到了一种几近毫无创建的对波墨思想的依赖。可这么说的人，为何不去自己看看谢林对波墨这位以直观方式进行着思考的神智学家的评价呢？——"他所接触到的东西，他诚然都接触到了，但他并没有获得确定性，还不能把这个东西稳定地摆在面前，在理智中（就好像在一面镜子中那样）重新予以观审。"①

有人觉得，谢林到了晚期充满宗教色彩。这么样评价，既对也不对。认为对的人会说，若不是谢林想把这种宗教的虔诚冒充为哲学，那他何必在晚期用充满宗教腔调的方式讲话呢？而这种佯装的虔诚本质上既不是哲学也不是真正的虔诚。表面上看起来，这种

---

① 《世界时代——遗稿》，SW VIII, 204 页。（［译注］中译参见：谢林，《世界时代》，先刚译，北京大学出版社，2018 年，第 297 页。）

说法似乎还真是那么回事。但我们对这种抬杠行为完全不必理会。因为这种论调不禁会让人怀疑持此论者的诛心话术：只要一直强调谢林是一个在宗教上虔诚的人，那就可以不用去直面他刨根到底的那些发问的彻底性了！如此岂不美哉？

所有说出上面这些人云亦云之语的，都是没读过谢林的人；而现在是时候好好去读一读他了！

第二章　浮生掠影

施瓦本的少年

谢林 1775 年 1 月 27 日出生在莱昂贝格，他的父亲是本地的教会执事。两年后，他的父亲升任贝本豪森高级神学院（靠近图宾根的一个西多会修道院）的东方语言教授（主要是教希伯来语），在那里接受教育的，是上大学之前，确切说是进入大学神学院之前，接受最后两年预科教育的人。从 4 岁开始，谢林就跟中学生们一起上课。8 岁的时候，谢林到尼尔廷根做教堂执事的叔叔家里寄宿，上拉丁语学校，他当时的同学里就有荷尔德林。从 1786 年秋天起，谢林就在贝本豪森做访问学生，他也凭着过人的天赋跳过了低年级课程。自己的家庭和尼尔廷根的环境，都对谢林产生了极强的虔信派影响。他第一次发表的作品就表明了这一点，这部作品是一首悼念死于1790年的虔信派信徒菲利普·马特豪斯·汉的诗，该诗发表于同年。

1790年，15岁的谢林被特许进入本地的图宾根大学学习；当时一般人都是18岁才开始上大学，比如黑格尔和荷尔德林都是在1788年入学。这两位与谢林同住一间宿舍，而谢林则要在这里待上5年。谢林一入学就成了班上第一。图宾根大学学制5年，前两年的低年级阶段要完成哲学专业的学习，后两年则要完成神学专业（主要是福音派神学）的学习。图宾根大学在当时常常被视为反启蒙的大本营和桥头堡。但这么说并不公允。在那里的许多教授尽管并非像前面提到的三位那样是划时代的大人物，但也值得以科学的态度严肃对待，他们绝不是冥顽不化的老顽固。比如解经学教授施努尔（Schnurrer）就不是以老古董的方式教授现代解经学，教授们要求学生亲自去掌握与他们的论文相切合的文献。而这样的要求，又怎么会在一个顽固反动的大学里被提出来呢？

在完成头两年的学业后，需要参加硕士入学考试。

谢林的毕业论文由自己亲自来撰写①（前面有提过），还完成了两篇文稿。此外，谢林还要跟其他学生一道，完成新生的几门主课的答辩：理论与实践哲学，数学/物理学，还得通过历史和解经学的考试。

第二年，谢林发表了一篇基于本科毕业论文的文章《论上古神话、历史传说和 Philosopheme②》。黑格尔和荷尔德林这个时候已经完成了在图宾根的学业，先后成为家庭教师，三杰从此风流云散。后来谢林也因为不愿从事教会工作成了家庭教师。此后，谢林就开始了与黑格尔的书信往来，与荷尔德林他们也都保持着联系。除了主修的学业之外，柏拉图也是谢林当时的一个研究重心。

在谢林学业还未完成期间，莱茵霍尔德（Reinhold）走入了哲学的公众视线。他把康德对理性的分析阐发为体系，或者如他自己说的，要把康德的理性分析改造为"基础哲学"（Elementarphilosophie）。对他的这一"雄心"，反对的声音不小。其中代表性的就有匿名出版的《埃奈西德穆，或论耶拿的莱因霍尔

---

① ［译注］当时的学生毕业论文一般用教授的论著进行答辩，只有优秀学生才可亲自撰写。
② ［译注］Philosopheme 这个词的含义复杂，在此无暇讨论，故保留外文暂不译出。

德教授基础哲学之奠基、暨基于怀疑论的辩护批驳理性批判的夸大其词》一书。在同一年，也就是1792年，费希特也以他的《试评一切天启》声名鹊起。这本书起先被以为是康德的作品，但康德在一份声明中为真正的作者正了名。

1794年，费希特匿名发表了对《埃奈西德穆》的书评。几乎同一时期，费希特就去了耶拿任职，并在那里出版了一本小册子《论知识学或所谓哲学的概念》，作为对自己知识学讲座的邀请性介绍。这本小册子马上就在图宾根风靡开来，并引发了思潮，还让谢林"一时间为之倾倒不已……并深深为之触动"。[①] 谢林也从自己的角度出发写了一本小册子《论一般哲学形式的可能性》，1794年，他把这本小册子和自己的附信一并寄给了费希特，在信中他进一步强调说，这本小册子是参考费希特"刚刚发表的著作写就的……而且实际上在一定程度上就是为之触动的产物"。[②] 要注意这里的"一定程度上"，因为这意味着谢林根本就不像通常以为的那样完全受费希特影响。也就是说，谢林到底在何种程度上受费希特这部小书

---

① 《论哲学的形式》，AA I, 1, 265.（SW I, 87.）。
② 《致费希特》，1794. 09. 26. AA III, 1, 12。

的触动是一个问题，他必定有着与费希特不同的考量。

半年之后，也就是1795年4月，谢林紧接着发表了他的《论自我作为哲学的本原，或论人类知识的无条件者》。尽管在这个文本里，与费希特理论相结合的各种观点也明确无疑，但谢林也恰恰因此保持着自己的独立性，并没有跟着费希特亦步亦趋，所有这些结合的点都有着自己的考量。

在谢林忙于撰写著述的同时，在1775年的3月，毕业指导老师明确警告他，如果想继续拿奖学金，就要恪守本分，也就是说，要拥护基督教中的自然主义，而非启示主义。而在经过打听之后，评委老师们认为谢林在过去的一年里"模仿康德的风格，以讽喻的方式对宗教内容进行布道训练"，而之前已经说过，这种风格当时在图宾根是不能明着来的。[1]

在这一年夏天，谢林写完了他的神学毕业论文《论马克安对保罗书信的重订》（*De Marcione Paullinarum epistolarum emendatore*）。之后他又紧接着开始了新作

---

[1] 参见：Jacobs, Wilhelm G.：*Zwischen Revolution und Orthodoxie? Schelling und seine Freunde im Stift und an der Universität Tübingen*，*Texte und Untersuchungen*，斯图加特，1989年，第46—57页。

品的写作。曾经也在图宾根学习神学、生于 1766 年的弗里德里希·伊曼努尔·尼特哈默（Friedrich Immanuel Niethammer）当时在耶拿大学哲学系做讲师，还办了一份杂志叫作《全德知识分子的哲学杂志》。他当时就邀请谢林去耶拿做同事，而谢林则在 1795 年下半年开始撰写《关于独断主义和批判主义的哲学书信》。这项工作直到新一年年初才完成。在此期间，谢林通过了毕业考试，也做起了家教，在斯图加特谋生，其原因只消看看前面提到的评委老师的意见就明了了。在斯图加特，谢林又完成了一篇新文章《对自然法的新演绎》，随即就连载在了 1795 年和 1796 年的《哲学杂志》上。

莱比锡的家教

1796 年春天，谢林和他的学生——里德赛男爵的两位公子——前往莱比锡，并且与两位公子一起在那里的大学注册学习。由于在图宾根学过弗莱德尔（Pfleiderer）的相关课程，有了前期的底子，所以谢林在莱比锡大学研习的是自然科学。在自然科学中，谢林发现了新大陆。1786 年，康德自以为理由充分地否认了化学具有科学的特质，在他看来，化学不过是一些经验认识的堆积。但在拉瓦锡于18世纪90年代初成功分离出了氧之后，化学就已经表明了自己确实走在通往一门具有内在总体脉络的科学之路上。自然哲学因此也获得了新的素材。在此之前，自然都被理解为可量化的，甚至康德也是如此在他的自然哲学中思考自然。但化学呈现出来的能成为科学的远景，已经开启了在其多重质性中科学把握自然的可能性。谢林认识到了这个形势，进而转向了自然哲学研究。

谢林是春末到的莱比锡，秋天他就开始了两部著作的写作，其一为《自然哲学的理念》，这部著作第二年5月底就出版了，随后谢林还为《哲学杂志》写了一篇多期连载的系列文章，即《对最新哲学文献的综合考察》，后来在1809年，在为这组文章进行了最终修订后，谢林亲自重拟了标题并集中重发了这组文章：《对知识学这种唯心主义的讨论论著集》。这个新拟的标题确实更加精当。因为这组文章原本计划只是作为文献批评，但谢林自己以此为基础反倒又写出了不少论著。1800年的《先验唯心论体系》很明显就属于这批论著，与此同时，这批论著也很明显与《自然哲学的理念》这类文本是平行的。不过虽然在文献上这样分类，但《自然哲学的理念》逾 320 页的规模完全可以称得上是一部书了。在它出版后不久，谢林就写信给尼特哈默说："恕我傲慢……但我确实已经写出了一部巨著。我被堆在我眼前的这一大摞纸给吓坏了。"他接着说："作为一名家庭教师，我只能寄人篱下，不得不东拼西凑一些时间把脑子里的想法赶紧掏出来扔到纸上，这本书就是这样写出来的！"① 即便如此，谢林还是对这本书不十分满意，所以在 1803 年又再版了一个扩写版。饶是如此，这本书也满足不了谢林从一开始就为哲学提出的"要成为体系"的要求。但无论如何，从《自然哲学的理念》这个书名中约莫可以看到，谢林是在戏仿赫尔德《人类历史的哲学理念》一书的书名。当然了，谢林认为自己跟赫尔德一样，满是"理念"，但绝不是"体系"。

1798 年 5 月，谢林又出版了一部书，这次的标题则讲究得多，叫作《论世界灵魂——论一种能说明普遍有机体的更高级物理学的假设》。之所以这次"讲究"得多，或许是因为"假设"这个词多少比"理念"

①《致尼特哈默》，1797. 06. 04，AA III，1，120。

严格一些。毕竟一种假设即便得不到证明，但还是可以进行一种理论筹划。

1798 年圣灵降临节的时候，谢林去了耶拿，在那里他通过席勒拜会了歌德。在之后的两天里，谢林都在陪着歌德做光学实验。这场与歌德的相识促成了谢林被聘为耶拿大学的编外教授，不过聘书在这一年 6 月才下达。在同一时间，谢林已经成了莱比锡科学家学会的成员。在接受了耶拿的聘任之后，他就辞去了家庭教师的职务，并在 8 月去往德累斯顿。在那里，他遇到了带着卡洛琳娜（她那时候作为伯麦尔的未亡人正守寡）去那儿的施莱格尔兄弟，又通过他们认识了米凯利斯和多萝西娅·法伊特，弗里德里希·冯·哈登伯格——后来他以"诺瓦利斯"这个笔名名扬天下——甚至还遇到了费希特，以及迪特里希·格里斯，他是塔索①的德语译者。谢林还专门去参观了包括"拉斐尔和柯勒乔""古典艺术"以及必须一提的"圣地德累斯顿"等艺术展，同时也在为他将于冬季学期开设的讲座课做准备。②

---

① ［译注］托尔夸托·塔索（Torquato Tasso, 1544—1595），意大利文艺复兴时期的诗人和批评家。

② 《致父母》，1798. 09. 20，AA III, 1, 191。

耶拿的教授

1798 年 10 月 5 日，谢林入职耶拿大学，并于 18 日开始了公开授课，课名为《论自然哲学的概念与本质》，之后从 10 月 29 日起，谢林又在私人讲授上以《自然哲学体系自身》为题继续这门课程的内容。谢林印出这门课的讲稿并发给了学生。而这部讲稿作为完整的书稿出版，则是在 1799 年 5 月，题为《自然哲学体系的最初方案》；6 月则继续出版了对它的补充，即《自然哲学体系方案导论》。在这里，"体系"这个词出现了，不过谢林还是比较小心地声明，自己的这个东西只是"最初方案"。

在从教的第一个学期，谢林的思想光辉一方面被导致了 1799 年 3 月费希特出走耶拿的"无神论之争"掩盖，而另一方面，他又开始了与卡洛琳娜和施莱格尔的三角恋情。谢林在耶拿大学授课和写作，作为编外教授，他的收入靠学生应付的讲课费和稿酬维持。1800 年春，谢林出版了《先验唯心论体系》，这是他内容最丰富的著作，他把先验哲学的不同区域融为一体，并首次让先验哲学本身成为体系。

1800 年夏，谢林前往班贝格。在那里刚开了一家康复病院，医生安德里亚斯·罗施劳步和阿达博尔特·弗里德里希·马库斯在那工作。由于自然哲学，谢林对他们的工作产生了兴趣。卡洛琳娜（此时已嫁给了施莱格尔）和她的女儿奥古斯特·伯麦尔与谢林同行。奥古斯特后来患病死了。谢林被认为对她的死负有责任，因为据说他作为一名医学门外汉，竟根据自己的自然哲学原理去诊治这位不幸的患病少女。

是年冬天，谢林回到耶拿。在此期间，费希特已经举家搬去了柏林。两人还保持着通信。在当时，施莱格尔、施莱尔马赫、费希特和谢林的脑子里都有一个共同的计划：办一份杂志。但他们四个人不可能意见一致，所以计划搁浅了。与此同时，费希特与谢林在哲学上的对立也愈发明朗；这一愈演愈烈的对立，已经紧张得无法令人忽视了，也没有任何办法能够劝和。所以费希特在一封写给约翰·帕普提斯特·沙德的信中宣称，谢林只从自己讲座的听众那里是"根本理解不了"[1] 他的，并且说自己已经跟谢林绝交了。两人的最后一次通信是在 1802 年 1 月。

---

[1]《费希特致沙德》，1801. 12. 29，载于：《费希特全集》，卷 III，5，斯图加特，1892 年，第 101 页。

谢林在耶拿过得也不愉快。一场与《全德文学杂志》主编的争执甚至惹了官司。他与卡洛琳娜的关系也成了街头巷尾议论的话题。在歌德干涉下，奥古斯特·威尔海姆（也就是大施莱格尔）和卡洛琳娜·施莱格尔在1803年才最终离婚。好在兰茨胡特大学医学系对谢林还是很够意思，在1802年授予了他荣誉博士学位。从1800年到1802年，谢林一直在出版《思辨物理学杂志》——后来更名为《新思辨物理学杂志》，其中包括了许多重要论文，比如《对动力学进程或物理学范畴的一般演绎》《对我的哲学体系的阐述》《基于哲学体系的进一步阐述》等。

1801年，一位学生时代的老友——黑格尔——造访耶拿。在同一年，他也出版了一本小书《费希特与谢林哲学体系的差异》。这本批判费希特的小书也为谢林与费希特的绝交推波助澜了一把。黑格尔在耶拿完成了教授资格论文，并与谢林合编了1802年和1803年的两期《哲学批判杂志》，他们两个人——其实也只有他们两个人——在上面都发表了文章。这些文章都没有署名，所以只好认为共同代表了两人的思想。

1802年，谢林独自出版了《布鲁诺对话——论物的神性本原与自然本原》，1803年出版了《学术研究方法论》。其中《布鲁诺》是以柏拉图对话的风格写成的，而它也是谢林"同一哲学"的一个核心文本。

维尔茨堡的教授

1803 年，在施莱格尔和卡洛琳娜的离婚手续办好之后，谢林就与卡洛琳娜一起前往穆尔哈特拜见了他的父母。两人在那里正式结婚，紧接着去慕尼黑度蜜月。在慕尼黑，谢林接到了维尔茨堡聘他为编内正式教授的通知。在 1803 年到 1804 年的冬季学期，谢林正式在维尔茨堡大学入职。

谢林当时是个名人。公众也早就注意到，他绝不是什么"小费希特"，而是一个独一无二、有自己东西的思想家。所以伴随着这种定位，与谢林哲学的各种争辩也开始激增；这些争辩——跟现在的许多所谓"学术争辩"一样——与其说是内行发起的，不如说更多是由外行发起的。作为一名公众人物，谢林必定会因自己的这种形象而承受这样的后果，比如维尔茨堡主教就禁止公教徒去听谢林的课。

谢林在维尔茨堡把自己在耶拿讲过的"艺术哲学"又讲了一遍，还开设了"哲学导论"和"全部哲学，尤其是自然哲学的体系"，这些讲课稿都在谢林去世后出版在了他儿子主编的《谢林著作全集》里。1804年，谢林出版了《哲学与宗教》，以及一篇对同一年去世的康德的悼文。1805年，谢林出版了《医学科学年鉴》，并在其中发表了第一版《自然哲学导论箴言录》。而在1806年，他终于端出了《对自然哲学与经过改良的费希特学说间关系的澄清》；接着《论世界灵魂》出版了第二版，第二版编入了一篇1807年单独发表的论文《论自然中实在性之物和观念性的关系，或论自然哲学的首要法则在重力与光这两重本原上的展开》。同年，在《年鉴》上谢林则发表了《自然哲学箴言录》。而与费希特的公开争辩则终结于对费希特《论学者的本质及其在自由领域的种种表现》一文的评论。

在慕尼黑和埃尔朗根

在1806年维尔茨堡脱离巴伐利亚王国之后，谢林于当年春天前往慕尼黑的巴伐利亚皇家科学院任职，在当时，科学院的成员都是实实在在领薪水的成员，而不是一个虚衔。尽管谢林在科学院的薪水跟在维尔茨堡做教授的时候一样高，但少了听课费，而作为一名知名教授，听课费是他收入中占比很大的一部分。但他的经济条件很快得到了改善。在 1807 年 10 月科学院的公开会议上，谢林作了题为《论造型艺术与自然的关系》的主题演讲。这篇修辞优美、极尽工巧的演讲稿在同年很快就得到了刊印；它成了慕尼黑的"城市级现象"，并助谢林平步青云，一跃成为 1808 年刚成立的造型艺术科学院秘书长，这是个闲差，主要的工作就是安排会议。同年，谢林受封成为贵族，现在我们得叫他"谢爵爷"了。

　　1807 年，黑格尔出版了《精神现象学》，尽管没有指名道姓，但其中确实包含着要与谢林进行论战的明显火药味，而这也导致了两位旧友日益疏远。两年后，谢林出版了自己的第一部也是唯一一部《哲学文选》，其中既有旧作，也有一部新作，也就是著名的《论人类自由的本质及相关对象》。在这部新作里，表现出了弗朗茨·冯·巴德尔对他的影响，这位巴德尔是谢林在慕尼黑认识的。而这场相识也进一步推进了谢林早已开始的对厄廷格尔和波墨的研究[1]。可以明显感觉到，这部《自由论》就是这一研究的产物，但

---

[1]〔译注〕关于这里出现的与《自由论》有关的三个人物，可参见该著中译本。

这绝不意味着谢林从此"皈依"了神智学，相反，他只是在尝试把神智学的直观性洞见以理性的方式进行弥补。

1809 年夏末，谢林携妻子在穆尔布隆修道院拜访了自己的父母。9 月 7 日，卡洛琳娜在那里死于疟疾，所以就地下葬了。1810 年初，谢林是在斯图加特挨过去的。跟他最亲的弟弟卡尔在那里做眼科医生。谢林在那里举办了一个关于自己哲学的小范围讲座，这次的讲座稿则由他的儿子以《斯图加特私人讲授录》为题收在了《谢林著作全集》中。

回到慕尼黑之后，谢林把全部工作重点集中在一本早就写好、但他一直没准许印刷的著作上；我们现在可以看到这部著作从 1811 年到 1813 年间的许多不同版本校样（可惜在二战的时候它们都被烧掉了）。为了这部著作，谢林殚精竭虑，但它终究还是没有出版；我们现在把这些文稿都冠以《世界时代》的标题。谢林生前发表的唯一与《世界时代》相关的文本，是 1815 年的《论色雷斯的诸神》。

在谢林埋头于《世界时代》的时候，阴云也在他头上逐渐汇聚。弗里德里希·海因里希·雅各比——他曾经单方面宣布是自己发现了莱辛是个斯宾诺莎主义者，后来又是他大声聒噪，非要说费希特是个无神论者——在谢林哲学中看到了一种对他的威胁。雅各比和谢林本同是科学院的成员，雅各比还是院长。1811 年，约莫在 11 月，雅各比出版了一部名为《论神性之物及其启示》的书，其中包含着对谢林的尖锐攻击。谢林则以更犀利明快的风格奋起回击，以极短的时间就写成了《谢林对弗里德里希·海因里希·雅各比先生〈论神性之物〉一文、以及他在该文里刻意捏造的所谓"无神论"指责之谎言的思想纪要》。雅各比对谢林的指责用心颇为险恶，"无神论"这个指控在当时是毁坏名誉的事情，即便这次指控距上次针对费希特的"无神论之争"已经过去了正好十年，但还是凶险万分。所以谢林的报复——从 1812 年初开始，两个人的斗争已经完全摆到台面上了——也不能留任何情面。两者相斗的结果是雅各比丢掉了科学院院长的帽子，而直到 1827 年科学院重组，院长一职都一直空缺。

1812 年夏天，谢林与宝琳·戈特结婚，两个人是前一年开始好上的。这对夫妇后来生养了三儿三女。1812 年秋天，谢林的父亲去世了，母亲也在 1818 年随他而去。1813 年，谢林出版了《德意志共同体杂志》。之后谢林就逐渐淡出出版界了，直到去世再也没有公开发表过什么大部头作品。

1820 年，谢林获准离开慕尼黑前往埃尔朗根，在那里的大学做客座教授一直做到 1823 年至 1824 年冬季学期，之后就查不到谢林在埃尔朗根大学的授课记录了。

重返慕尼黑

1825 年路德维希一世加冕登基。次年他把兰茨胡特大学搬到了慕尼黑。大学的教席当然也要做相应调整。谢林被任命为路德维希-马克西米利安-慕尼黑大学哲学系教授。1827 年他开始了在慕尼黑大学的教学活动。同一时间，他在科学院也得到了新的人事安排，成了科学院理事长（也就是今天的院长）。谢林院长的任务是进行全国性的科学工作统筹和汇总。他花了大量时间在文化政策的制定上，而他的整个文化政策都是非常宽容的。但 1830 年 12 月的学潮让他的文化宽容政策岌岌可危，所以他不得不亲自去跟这些学生谈话来安抚他们。可惜收效甚微。在巴伐利亚，文化保守主义还是一直占据着上风。

谢林定期在慕尼黑大学开课。1827 年至 1828 年开的第一门虽然还是冠以《世界时代》的题名，但紧接下来，作为谢林余生主要工作的题目和内容就慢慢开始浮现了："神话哲学"和"启示哲学"。谢林在慕尼黑授课一直到 1841 年。公众主要是从他作为科学院理事长进行和发表的讲话中来了解他。这些讲话也都有传抄和遗留供世人知晓。但无论如何，谢林起码还是公开了自己讲课稿的一部分副本，这份副本就是我们今天看到的《启示哲学原稿》①。除了在大学授课，谢林还在 1835 年到 1840 年间为巴伐利亚的马克西米利安王太子授课，这让两人建立起了终身友谊。

客居柏林

1840 年，黑格尔去世②后在柏林留下来的教席（它之前是费希特的）需要有人接替。谢林接受了柏林方面让他来接替教席的邀请。同一时间，他也加入了柏林科学院。但在 1843 年，在没有他授意的情况下，他在柏林授课的抄本竟然出版了，于是谢林开始为这件事打官司并最终败诉。这也导致他在 1846 年停止了

① ［译注］此书由 Walter E. Ehrhardt 编辑出版，汉堡，1992 年。
② ［译注］黑格尔于 1831 年去世。

一切教学活动，只是在科学院开会的时候去讲讲话。他像之前一样，一直都关心政治形势和事件。谢林在柏林的时候住菩提树大街，这里靠近大学和皇宫。谢林就在那里为他的哲学奋斗着，并不断为他刚刚进行的授课进行论证上的完善。谢林一直为稳定自己最终的洞见而不断进行着撕扯和拉锯；可他终归没有完成。1854 年——他或许知道自己时日无多——谢林踏上了去瑞士普法夫温泉地区的旅程。8 月 20 日，他在临近格拉斯一处温泉疗养院去世。几天后就地下葬。1848 年登基的巴伐利亚国王马克西米利安二世，为谢林精心设计了墓碑，给了他最后的哀荣。谢林的妻子宝琳也在同一年逝去，她当时在自己的老家哥达与女儿在一起。

从 1856 年到 1861 年，谢林之子卡尔·弗里德里希·奥古斯特陆续出版了谢林的《著作全集》。但他没有完成与年表对应的通信编订。古斯塔夫·里奥波特·普利特（Gustav Leopold Plitt）在 1869 年至 1870 年出版了著名的三卷本《谢林生平通信集》，其中尽可能收录了谢林所有的往来通信，并在第一卷包括了谢林的生平传记。

第三章　始自康德

"在德国唯心论的三位大师中，较之于其他两人，谢林与康德的关联最紧密，也最坚定地继承康德。"① 沃尔夫迪特里希·施密特-科瓦奇科（Wolfdietrich Schmied-Kowarzik）的这一判词，在近年来已经得到了越来越多认同。

　　但之前提过的流俗看法则与之相反——这些看法甚至在今天仍很顽固——即认为谢林是借着费希特，确切说是借着表达了其哲学基本方案的《论知识学或者所谓的哲学概念》一文开启自己的哲学生涯。但实际上，就在费希特的这本小册子于1794年5月出版的

---

① Schmied-Kowarzik，Wolfdietrich：*Von der wirklichen，von der seyenden Natur — Schellings Ringen um eine Naturphilosophie in Auseinandersetzung mit Kant，Fichte und Hegel*，Stuttgart-Bad Cannstatt，1996，23.

几乎同一时间，谢林自己的小册子《论哲学之一般形式的可能性》也出版了。在这个文本里，谢林明显地表现出与费希特的那种表述其基本方案文本的关联性，在 1794 年 9 月，谢林也把自己的这本小册子作为信件附件寄给了费希特。在这个文本里，谢林提到了在 1794 年 2 月匿名发表在《耶拿文汇报》上、对舒尔策同样也匿名发表的《埃奈西德穆》的评论。谢林的这篇评论不仅包含了对怀疑论的辩护——在面对理性批判的狂妄之际，怀疑论是必要的——而且充满了费希特式的风格①。从这时开始，费希特在谢林早期著作中留下的痕迹也就再也没被忽视过了。

这场与费希特哲学的"相遇"发生在谢林大学生涯的第四年。两年后谢林必须按规定参加硕士资格考试。这一资格考试的论文是谢林自己写的，按当时的惯例，学生可以通过为教授的论文进行辩护的方式参与这一考试。谢林的论文题目是：*Antiquissimi de prima malorum humanorumn origine philosophematis Genes. III. Exlicandi tentamen criticum et philosophiecum*②。

---

① 《哲学的形式》，AA I, 1, 267. (SW I, 89.)。
② 图宾根 1792, AA I, 1. (SW I.)。这个标题的意思是：对创世记 III 有关人类之恶的最初起源所表现得最古老哲思做的一种批判—哲学式解释尝试。

在这篇论文中，谢林提到了康德的两个文本：首先是《论人类本性中的根本恶》[①]——康德之后又把这个文本作为自己宗教著作的首篇再版了一次——接着就是《对人类历史开端的臆测》[②]，对这后一个文本谢林赞曰："quam mihi plurimum profuisse testor［对我的帮助极大］。"[③]

除了论文，谢林还要提交各种文稿和短论文，然而这些东西只有标题流传下来，文本自身迄今还未被发现。其中一份的标题就叫作《论理论理性与实践理性的一致，尤其是就范畴运用，以及通过范畴运用的事实使理智世界之理念得到现实化而言时的一致》。[④] 康德的名字尽管并未在此出现，但从标题的表述方式来看，这里明明白白就是在讨论康德。倘若谢林之子卡尔·弗里德里希·奥古斯特所传不虚，那么则有证据表明，谢林其实在此之前就对康德哲学有所了解了。据他的说法，谢林一直到 1791 年的 3 月底都

---

① 1792 年首先作为论文发表，之后收录在《纯然理性限度内的宗教》
（1793）中，见：康德全集，卷 VI，柏林，1907。谢林的引用见：AA I，1，1，63 和 78.（SW I，3：17）。
② 发表于 1786 年，收录在《康德全集》，卷 VIII，柏林，1923，107—123。谢林的引用见 AA I，1，64、83、99、93（SW I，4：3，17.）。
③ AA I，1，64.（SW I，4.）
④ Jacobs, Wilhelm G.: *Zwischen Revolution und Orthodoxie?* 284.

在读舒尔策的《〈纯粹理性批判〉选摘》。[1] 此外，图宾根大学的理论哲学教授约翰·弗里德里希·弗拉特，在谢林的头两个学年都开设了关于康德《纯粹理性批判》的课程，谢林在申请硕士学位时需要例行开具的简历上，也有声明自己有上过弗拉特的这门课[2]。所以毫无疑问，至少在1792年谢林就了解了康德的前两个批判以及其所提到的那些文本。所以从这一点出发可以说，谢林对于由康德哲学所引发的讨论至少是了解的。

谢林的哲学思考始自康德而非费希特。只消对谢林的《论哲学之一般形式的可能性》作一番细致考察，就可以为这一事实提供证据，因为这个文本的第二部分几乎就是在专门讨论康德。在这个时期，谢林甚至也熟读了《判断力批判》，因为在他将之标注为写作于1794年上半年的遗稿《〈蒂迈欧〉评注》中，就有提到《判断力批判》。这些证据都表明了谢林对康德的了解和推崇，而他的硕士论文也是受康德影响的产物。

---

① 参见：《谢林生平通信》，Gustav Leopold Plitt 编，卷 I，莱比锡，1868 年，第 27 页。

② 参见：F. W. J Schelling. Briefe und Dokumente，Horst Fuhrmans 编，卷 I，波恩，1962 年，第 41 页。

所以对于谢林在《论哲学之一般形式的可能性》一文开头的断言，即他已经对这个文本的一些基本构想"酝酿了一段时间"，而自己"就是由于对《纯粹理性批判》的研究而不自觉被引到这些想法上的"[1]，我们有充分的理由不将其视为自吹自擂，而是按字面意义严肃对待。

如果再回想一下刚刚提到的文稿标题所涉及的问题，那么也能赢获更多启发。对于谢林曾经与之争辩的难题，我们今人其实也可以理解，只不过我们当然不知道谢林的解决方式罢了。但即便我们并不知道谢林的文本，他曾经面对过的难题仍然值得讨论，因为这一难题将会为源自图宾根的德国唯心论的产生，尤其是谢林哲学的产生提供极富教益的指引。

理论与实践的因果性

乍看起来，关于康德两个批判的一致性问题所挑战的，是理性的统一性这个论题。曾经有一个时期就发生过这样的争论。当是时，莱因霍尔德的观点是只

---

① 《哲学的形式》，AA I, 1, 265.（SW I, 87.）。

有理论理性才有统一性，这一观点的出现几乎比费希特的《论埃奈西德穆》早两年，而在这篇文章中，费希特首次公开表达出了他对于"自我"才是理论与实践理性之统一体的暗示。

而颇令人惊异的是，谢林竟是在康德著作中关于范畴运用的地方，来尝试讨论理性的统一性问题。关于范畴的运用问题，每一个《纯粹理性批判》的读者大抵都可以得到如下答复：范畴是被运用到概念上的我们实行判断的形式，我们通过这些形式进行认识，也就是说，我们通过这些形式归秩我们的直观。通过如此得到构型的判断，我们把在判断中被建构起来的表象和事态置入某一认识活动的统一性中；因为判断的实行始终都是同一主体的实行，对此康德说道："'我思'必然能伴随着我的一切表象。"①

要讨论《实践理性批判》中的范畴学说，则似乎会更困难一些。无论如何，刘易斯·怀特·贝克（Lewis White Beck）作为这部《批判》的评注者提醒我们注意康德的断言：尽管实践范畴表"就其自身而言需要足够清楚明白"②，但总的来说"至今还没有人

---

① KrV B 131.
② KpV 118.

能够确实做到这点"。①

从范畴入手，对理论和实践理性之一致性的探究之困难，就会以下述方式得到一定的消解：康德把实践理性的范畴整个儿地规定为"唯一的一个范畴，即因果范畴的样态"②。当其作理论运用之际，因果范畴就在建构客体，确切说是在建构两个客体间的因果联系。范畴要借助知性的基本法则方能得到应用；通过因果范畴可以认识到，一个先行发生的现象会引发另一个在时间上后继于它的现象。理论理性，或者更确切地说，知性的这项发现，是实践理性的前提。

与理论哲学相应，实践哲学中也要设想因果范畴，因为因果的规定根据"存在于对同一个理性所具有的某一法则进行的理性表象中"。正如康德在这里再次强调的，理性自行为自身提供法则，并由此先天地把自己证明为实践的。也就是说在这里，通过因果范畴，并非对主体而言最终外在的两个现象彼此联结在一起，相反，对主体而言的两个现象是伦理法则的同一个表象，就像"义务"会以欲求能力为其伪装，或者说：

① Beck, Lewis White: Kants „ Kritik der pranktischen Vernunft ". Ein Kommentar. Kral-Heinz Ilting 德译，慕尼黑，1974 年，142 页。
② 此处及后文都出自 KpV 114。

理性的表象会饰以主体的"任意"。实践理性的种种规定的功用在于，"让杂多的欲求先天地服从在遵从实践理性，或者说纯粹意志所命令的道德法则的意识之统一性下"①。

就因果律来看，时间序列的理论原理对一切现象都普遍有效，也就是说，一切现象既能被理解为后继现象的原因，也能被理解为先行现象的结果。在实践理性中凸显的只有一个唯一的根据，即道德法则。它就其自身而言不可能是另一个东西的结果，因为道德法则也是自由法则，正是自由法则赋予了理性在其自律中的自身，正因为这一点，只能认为这一法则在自己之外再无根据。所以这一法则也能被理解为种种欲求的统一性，而与此同时，在理论上以因果方式被规定的诸现象之统一性，也只能其总体性中被设想为"自然"这个理念，或者如康德通常说的，设想为"世界"这个理念②；而这个理念反过来又唯有通过"我思"才是可能的，并且唯有在"我思"中才有其统一性。因此在实践理性中，理性法则所承担的功用实际上就是去创设（stiften）刚刚提到的、归属于理论理性

① Kpv 115.
② Krv A 418 = B 446.

内的"我思",也就是去创设统一性。

实际上可以看到,谢林对康德本人的许多深层讨论都非常熟悉。康德把实践理性的范畴刻画为自由的范畴;把理论理性的范畴则与之对立地称作自然的范畴。第一类范畴指向对自由之任意的规定。这些规定对实践法则"进行先天奠基"①,也就是说,自由的范畴"作为实践性的基础概念……就是处在理性中的纯粹意志之形式,进而也处在思想能力自身中,因而也就作为被给定的得到了奠基"②。正如前述,意志之规定的发生是通过理性,通过思想能力自身。而在实践法则中,事关宏旨的是意志之规定,而不是把这一规定实行在感官世界。如果意志之决断的实行对于意志来说不可能,那么意志之规定也仍作为合法则的、因而是有正当性的且善的而发挥作用。

既然是这样的一个情况,那么就像康德继续说的"实践概念(亦即自由的范畴)会先天地关联于自由,以及认识的最高本原"。这句话里最值得注意的一点就是"认识"一词,康德紧接着说,"为了获得意义",实践概念先天地"就不可以指望直观";这一点首先对

---

① KpV 115 及以下。
② 此处及后文均来自 KpV 116。

应于之前已经指明的意志规定与实行的关系。康德先前只是在被给定的直观那里才谈论认识——这种知识无论如何只是理论哲学中的知识，而在这里谈到不可指望直观的认识是极为值得注意的，康德本人也明白这点；因为他就是"从这种知识出发"来论证这一论题的，正如他亲自写道："这是值得注意的根据，因为它们（先天的实践概念）会亲自产生出它们关联于其上的现实（意志的意态〔Willensgesinnung〕）。"康德还补充说，这"绝不是理论概念的事情"①。

总之，康德关于这一点的断言就是如此，他的断言中令人激动的一点就在于，概念会成为认识，因为它们会亲自产生出它们关联于其上的现实。也就是说依照康德自己的术语，可以说实践理性的因果性产生出了现实性自身。贝克对此处文段的评注是："在这里，我们拥有了在整个认识领域中独一无二的例子，在这个例子里，思想直接产生出了它的对象。"② 在这里，理性并没有把这里诸现象间的因果关联设想为理论的，而是亲自为它们奠基了现实性，这种现实性并非直观的现实性，因而也不是现象。这种由理性奠基

---

① KpV 116.
② Beck，Lewis White：*Kants „ Kritik der pranktischen Vernunft "*，139.

的现实性只可能由理性——在无直观的情况下——来认识。如果不想康德陷入矛盾，那么必须在他那里区分理论认识和实践认识。理论认识需要直观，而实践认识则不需要。不同于理论认识，实践认识所认识到的现实性乃是一种理论上无直观的现实性，也就是意志的意态。在这里被认识到的现实性，是一种由理性亲自奠基的现实性。

我们现在要暂离对康德关于自由范畴的理论的阐述，转到一开始提出的其他问题上。

先验统觉的意识

近几十年来，从康德向唯心论的过渡常常放在"自身意识"这个名目下讨论。作为这一讨论的代表性人物之一，曼弗雷德·弗兰克（Manfred Frank）就对《纯粹理性批判》第二版里康德在"谬误"章的一个注释，关联于"自身意识"这个论题进行了解释。对"谬误"章，以及事实上与之相关的对纯粹知性概念的演绎，康德在《纯粹理性批判》第二版中都有新的阐述；但完全可以认为，康德在这里所做的事情实际上是预备好了难题。

弗兰克指明，康德在刚刚提到的对"我思"命题的注释中断言，"这一命题表达出了一种无规定的经验直观，亦即无规定的经验性感知"①，康德接着讨论说，"正因为这点，这个命题仍然也证明了，感觉，随即一并还有感性，都给这个实存命题奠定了基础"。可以看到，康德在这里把"我思"命题称作实存命题，即一个断言着实存的命题，而所谓的"实存"——正如康德区分的"一百个想象中的"和"一百个现实的"塔勒——并非谓词。对实存断言的合法性确证是感性的事情，是感官感受的事情。但在这里，就"我思"这一点来说，要处理的不可能是作为主体的"自我"对自己在时间中延展着的思想活动的自身觉知。因为这种觉知并非无规定的直观，相反，这毋宁是一种特定的直观。所以康德紧接下来明明白白地说，处在"我思"命题中的自我不是经验性的表象，毋宁说是"纯粹理智性的，因为它属于思想本身"。

所以康德进一步断言，无规定的直观"先行于经验，通过关联于时间的范畴，这种直观就会对觉知（即主体的时间性思想活动）的客体进行规定"。既然

① 此处及后文都出自 KrV B 422 及以下。

这一直观会由于时间而先行于规定，那么它就可以被理解为先天的了。康德说明道，"实存"这个表述不意味着任何范畴，所以对于前述的那个"无规定的觉知"，康德这样来说明：它"在这里仅仅意味着某种被给予的实在性之物，确切说，是仅仅被给予思想本身的实在性之物，因而不是作为现象，也不是作为就其自身而言的事情（本体），而是作为实际上实存着的某物，进而是作为某种在'我思'命题中才作为自身得到刻画的东西"。因此，这里的这个"无规定的觉知"就是某种被给予思想的实在性之物，也就是实存着的东西。但它既不是作为现象，也不是作为本体被给予的。也就是说，这里的"我思"在康德思想中有一个独一无二的特殊位置。弗兰克则这样来描述这个特殊位置："在纯粹统觉（也就是'我思'）中所觉察到的实存，不仅要求我们认识能力在概念上的配合，也要求感官上的配合；这个'实存'明确无疑地处在一个边缘域这一侧，只有在这个边缘域的另一侧，直观之物与概念之物的区分才首先会发生并且可能。"① 弗兰克随后又把这个问题指向了谢林，在 1797 年的《一般

---

① Frank，Manfred：*Der unendliche Mangel an Sein — Schellings Hegelkritik und die Anfänge der Marxhen Dialektik*，第二版，慕尼黑，1992 年，第 59 页。

性概览》一文中，谢林就已经处理了这个问题，在其中，这一问题的结果就是对"理智直观"的讨论。弗兰克讨论说："为了能在纯粹的自我中讨论一种直观，因为只有这种直观作为'接受性'，以区别于理智的'自发性'，才能见证实存；所以这种直观也是理智的，因为这种直观建立在理智的纯粹自发性上。"[1] 因此，恰恰是康德——而且就是在刚刚提到的注释里——把思想着的自我自发就具有的拥有特殊地位的认识，也就是我们称作"理智直观"的这种认识，引入到认识之中。

凭着这个结论，我们现在就可以回到之前思索的第一个问题上了。

对自由的理智直观

我们在前面首先考察了"就范畴的运用而言，理论理性和实践理性的一致性"，这个一致性的断言在谢林的文稿中仍然保留着，并且显示出谢林考虑的是"通过范畴运用的事实使理智世界之理念得到现实化而

---

[1] Frank，同上书，第63页。

言时的一致"①。在这里所断言的第二种"一致"会让康德专家感到陌生。理智世界中的事实就是对实践理性基本法则的意识，也就是对绝对命令的意识②，而在理论哲学中，根本就没有必要来探索这一点。谢林在这里所谈的这种"一致"，会让康德专家生疑。

基于前面提到的康德对实践范畴所进行讨论的关联总体可见，实践因果性的规定根据存在于"对理性的某一法则进行理性表象"。而这种"理性表象"不是其他，正是理性的事实。它之所以是事实，是"因为不可能从先行于理性的事实出发以理性的方式把这个事实产生出来，相反，因为这个事实单就其自身来看是作为一个先天综合命题支配着我们的，它不以任何直观为基础，既不以纯粹的，也不以经验的直观为基础"。③ 尽管康德用了"被给予的"这个词来刻画实践理性法则，甚至在印刷上还突出了这个词，但他仍拒不承认——确切地说，在刚刚提到的《纯粹理性批判》中涉及先验统觉的那部分就已经拒不承认——这一法则是通过直观被意识到的。

---

① Jacobs，Wilhelm G. ：*Zwischen Revolution und Orthodoxie*？284.
② 参见：KpV 55 及以下。
③ KpV 56.

"一致"问题不止于此。在《实践理性批判》中，康德还有下面的断言："一个纯粹意志的客观实际性，或者说，某种纯粹实践理性的客观实际性——两者是同一回事——在道德法则中都是先天的，仿佛是通过一个事实被给予的。"[①] 康德论述道，面对休谟的攻击，他以把因果概念理解为范畴的方式拯救了它。作为范畴，因果概念可以理论地被运用到现象上；但是"正因为如此，因果范畴仍能被设想有其客体，尽管这个客体不是能被先天规定的：这个客体乃是在纯粹知性中为因果范畴给出空间的客体，从它出发，因果范畴才能关联到客体本身（感性的或非感性的）"[②]。现在我们依循康德，在纯粹意志的概念中来思考因果性。在康德看来，纯粹意志的客观实在性，应理解为纯粹意志与被设想的客体之关联，或者说：被设想为在法则中道出的对意志规定的要求。但在法则的被给予性中能得到把握的是什么，始终是个难题，因为法则一方面属于理性，另一方面仍是被给予的。

　　就这一问题来说，"我思"的功用在于创设认识的统一性，而道德法则的功用则在于创设欲求的统一性。

---

① KpV 96.
② KpV 94.

康德的评注者贝克强调:"我的理性欲求与'我思'几乎扮演着相同的角色:理性欲求必定也作为一个善的欲求伴随着我对对象的种种表象。"贝克接着说,理性欲求使人格聚集为一个神圣的意志。[1] 但如果康德把在"我思"中被设想的先验统觉,刻画为先验哲学的最高点[2]——当然,在这里完全也可以在"先验哲学"这个词前面补充一个形容词"理论的"——那么我们现在所处的这个点,就是哲学的最高点,因为实践理性有先于理论理性的优先地位。对这一点来说,还要讨论一个之前已经提过的要素,即在康德来看,自由的范畴会成为认识,因为这些范畴亲自产生出了意志之意态的现实性。[3] 因此康德断言,道德法则引发了意志规定,或者更确切地说,既然道德法则的因果性并非时间性的,那么对这个法则的奠基和认识,也就同样不是时间性的。这种认识不包含任何(理论的)直观。所以问题就是,这种认识的内容,或者说法则的被给予性该如何设想。

我们不得不把曼弗雷德·弗兰克对康德理论哲学

① Beck,Lewis White: Kants „ Kritik der pranktischen Vernunft ", 136.
② 参见:KrV B 133 注释。
③ 参见:KrV 116。

所作的推论，也大大引申到实践哲学上，因为在实践哲学中断言的，是一种绝非仅仅作为现象因果性的因果性，也就是说，在实践哲学中有一种决定性的认识，而这种认识就是理智直观。在实践理性的这个领域里，不仅存在着"我思"——它既处在被给定的感觉条件下，从而在范畴上服从于感性直观，也能理智地被直观到——也存在着处在其自律状态，或者说处在其无条件性自身中的理性。

所以，两大批判的一致就蕴含在那个康德本人虽未断言、但也没有办法拒斥的理智直观中。但也正因为理智直观首先聚焦在具有优先地位的实践哲学中，所以谢林的哲学实际上就是由康德哲学的这个点所激发起来的，所以首先要把谢林哲学把握为一种关于自由的哲学，然后才能把它理解为一种关于自身意识的哲学。

早期谢林的洞见

在他关于康德的文稿中，谢林是否如弗兰克解释的那样处理理论哲学，并且在自由因果性的问题上把这一方式延伸到了实践哲学上，这一点不可能在没有谢林文本支撑的情况下就得到证实。现在可以看到，谢林确实以他自己为这个问题所取的、现在实际上看起来颇为怪异的标题涉及了这个问题的脉络，所以现在也就可以断言谢林确实承续了康德。谢林对此的洞见就在于，他正如这个难题在这里所呈现的那样看到了它，所以可以说，他最初公开发表的东西都源自这个难题。下面我们具体来看。

正如已经提过的，弗兰克强调，谢林很重视我们此处讨论的"谬误"章的这个注释；在他的文本里，谢林的依据就是康德的这个注释，而他的目的则是依次表明一种理智直观的存在。弗兰克在他的《谢林哲学导论》中提到，1797 年这个文本里谢林讨论理智直观的上下文："自身意识的源泉是意愿。但在绝对的意愿中，精神会直接意识到它自身，或者说精神具有一种对它自身的理智直观。"[1] 这里的"绝对意愿"是从康德的实践理性那里而来的概念，但谢林的这段文字有它自己的意思。

约莫两年半以后，也就是接近写下前述的那个文稿的时候，在谢林的《论自我》一文中就包含了对这

---

① AA I，4，128.（SW I，401.）弗兰克对这处的讨论见：*Eine Einführung in Schellings Philosophie*，美茵法兰克福，1985 年，第 42 页。

一点的大量阐述；弗兰克在他的《导论》里也做了相关的引述。从这些上下文中，有一个必须在此提到的文段。谢林以如下方式肯定性地规定了自我的自由："对于自我来说，自由既不更多也不更少，它恰恰就是通过绝对的自身构造，对在自身中一切实际性进行无条件设定。"① 如果把这段话用康德的调调"翻译"一下，那么大抵可以这样说：自我的肯定性自由在于理性的自律，理性通过自身为自己设立法则，并且凭借这一法则为现实性（意态的现实性）奠基。

如果谢林把康德哲学理解为一种自由哲学，并且确实以此方式紧承康德哲学本身的做法站得住脚，那么这种理解方式必定对谢林哲学来说也一以贯之。最具决定性的一贯性需要从下面这个洞见出发来看：实践理性以因果的方式规定了现实性。康德在刚刚提到的"谬误"章最后对这一点的描述，先行指向了一年之后出版的《实践理性批判》："但法则，它们并不处在经验中，而是在某种程度上（不仅在逻辑法则上，而且）先天地就是确定无疑的，纯粹理性的运用（也就是实践理性）触及我们实存的法则，给予了我们这

① AA I, 2, 104.（SW I, 179.）

样的动机，即就我们本己的此在来看，要把它预设为在实践上将之视为给予着法则的，并且也把我们的这一实存自身预设为进行着规定的：如此一来，一种自发性也就由此得到了揭示，我们的现实性也由此变得可被规定了。"① 唯一的现实因果性，进而唯一现实地直接被意识到的实存，就蕴含在实践理性中。

在康德的这一洞见中，包含着一个决定性的衔接点：哲学经由谢林取得了进一步发展。在这里给出的一些指示已经证明了，在硕士考试后，谢林短时间内就熟悉了康德，前面几页都是在说明这点。谢林在1792 年就已经采取，或者说至少以之为目标的这种理解策略，也通过前述得到了支撑。无论如何，早期谢林的表述都会提醒我们，康德的哲学可以被理解为一种自由的哲学，而这也正是谢林哲学的出发点。

---

① KrV B 430.

第四章　早期神话学

神话之为哲学论题

谢林 1792 年的考试成绩表明，有两个问题域从早期开始就促动着他的思想直到最后。其一是康德哲学，其二则可以在谢林亲自撰写的学位论文《论恶的起源》（*De malorum origine*）中把握到。在这个文本里，谢林详细讨论了神话，而这也是 1793 年紧接着学位论文的《论神话、历史传说和太初之世的箴言》一文的主题。在学位论文中，谢林把《创世记》的第三章诠释为神话，确切地说，谢林是这样做的第一人，而在前面提过的紧随其后的论文中，谢林正式阐发了他的神话概念，而这一概念后来经由海涅变得广为人知。① 在谢林随后的公开出版作品中，只有在 1800 年的《先验唯心论体系》的结尾，神话问题才再次出现，而这一主题后来又在《艺术哲学》讲座中得到了更多阐发。

神话并不属于传统哲学的固有主题。所以我们首先要问，它何以成为哲学的主题。哲学的主要论题是逻各斯。如果哲学以神话为主题，那么哲学也就要去反思一种与逻各斯相对立的言说和思想方式。所以哲学接下来的任务就是把握神话的独有特质。所以谢林讨论了神话的形式，也就是作为神话言说和思想的独特形式。如此方能继续讨论由此形式所中介的内容的问题。

神话这个主题先前首先在古典语文学中讨论。哥廷根的古典语文学教授克里斯蒂安·戈特洛布·海涅（Christian Gottlob Heyne）推动了把关于古典诗歌，尤其是希腊诗歌的问题引到神话上的风潮。只有这样才能说明，当人们说到"荷马""赫西俄德""古典戏剧"的时候，他们究竟在想什么。所以同样明了的是：并非诗人自己构想了这些神话素材，而是诗人发现并接

---

① 关于这一点的详述，参见 Jacobs, Wilhelm G.：*Gottesbegriff und Geschichtsphilosophie in der Sicht Schellings*，斯图加特，1993 年，第三章。

过了它们。但对这些素材唯一保留下来的证据就是文字记载下来的诗本身。可以料知，在它们成为诗的素材以前，这些素材首先是以口头的方式流传下来的；作为口传的东西，它们恰恰就是字面意义上的"传说"或"神话"。传说绝非诗人的幻想创造，幻想仅仅为诗人提供形式。所以这可能就是海涅如此刻画作为诗之素材的神话的原因：第一，神话并不是在概念中，而是在图像中进行言说。构造图像的想象力——而非判断力——才是对神话言说而言具有突出作用的理性能力。第二，神话属于人类的儿童时期。第三，神话时代人类的知识活动被限制在极为狭窄的范围内。在诗人接过这些素材之际，神话时代就过去了；因为素材和概念编排之间的张力本就属于诗。

只要讨论还停留在古典语文学领域，神话就不会成为爆炸性话题。而当神学家约翰·戈特弗里德·艾希霍恩（Johann Gottfried Eichhorn）谨慎地把前述神话理论引入旧约解经中的时候，爆炸性的问题就发生了。再如何谨慎也避免不了这点，因为神学家们普遍接受了"字句启示"的教义，这条教义强调，《圣经》中的每一个字都是由神向写作者默示的，所以显而易见，每一个字都是纯粹的真理。但这条教义自近代以降就明显难以为继了；因为在作为近代之成果的自然科学认识和《圣经》的创世叙事之间，没有一致性可言，而《圣经》的时间叙事与已然广为流传的其他时间叙事之间，也同样没有一致性可言。要么把《圣经》斥为陈旧的废话，要么还是以原教旨主义的方式坚持一切理性都依于《圣经》上的话，或者去寻找比迄今进行的那些更好的理解可能性。艾希霍恩采用了最后一种方案，并把神话理论引入了解经学中。而正如已经讲过的，谢林在这方面直接追随艾希霍恩。除了谢林的这些神话学作品，荷尔德林的文稿《对所罗门箴言与荷西俄德〈工作与时日〉的比较》①也表明了艾希霍恩的这种影响。在图宾根，正是克里斯蒂安·弗里德里希·施努尔（Christian Friedrich Schnurrer）这位解经学学者，为他的学生们带来了这种新理论。

神话理论所解决的难题就在于，对《圣经》的字面解释在现代理论中已经变得没有意义，而神话理论则使一种对于《圣经》有意义的解释成为可能。所以神话理论也一并解决了一个神学上的难题；而在这个

---

① 载：《荷尔德林全集》，卷 4，I，Friedrich Beissner 编，斯图加特，1961 年，第 176—188 页。亦可参见：全集的"法兰克福版"，Dietrich E. Sattler 编，17 卷，巴塞尔，1991 年，第 17 卷，1991 年，第 70—84 页。

神学难题中也掩藏着一个哲学难题，在谢林作为著作家崭露头角之前，这个难题就已经萦绕在他心头了，只不过还没有清晰地得到概念化表达而已。这个难题牵引着青年谢林。海涅的理论预设了两种意识为前提，其一是神话意识，即人类儿童时期的意识，其中，想象力是决定性的能力，紧随其后的是那种已经把神话时代如其所是地认识到了的人类的意识，对这样的人类而言，不可或缺的是作为决定性理性能力的判断力。在《神学政治论》中，斯宾诺莎就已经区分了这两种意识，不过斯宾诺莎认为它们并非分属不同时代，而是分属不同的教养层次。莱辛则在他的残篇，也就是《论人类的教育》中持相反观点，认为18世纪的思想无权判定前基督教时期的古老思想。而赫尔德则始终强调，更高的判断力已经被售卖殆尽了。总而言之，理性已经主动表明了自己是历史性的。

理性提出了对自己进行结构化的要求，通过其结构，理性才有给出认识和行动之尺度的合法性。作为如此这般的理性，它不可以把自己的历史思考为某种任意的东西。康德对理性结构的分析已经对此做了先导，之后才有谢林着手进行的研究。而谢林的贡献就在于，理性的历史并不能直接就被实际地接纳，而是必须被设想为一个展开过程：从想象力这种较低能力出发，走向理性这种最高能力（狭义上的理性）。所以神话时代应被理解为理性的展开的第一个阶段的时代。当人类思想的展开程度，到了已经能把神话的话语从其所刻画的事物中抽离出来，能把语言从声响的媒介中转译至形象中，进而以此方式进一步增加概念的抽象化程度之际，神话时代也就终结了。对"文本"的发明意味着，判断力变得具有支配性，而神话时代也就由此成了过去。

而判断力的时代——根据早期谢林的进一步观点——则在漫长的若干世纪之后过渡到了理性自身的时代中，而为了进入这一时代，理性必须对自己进行如其所是的通观，这就是在启蒙中所发生的事情。谢林把他的时代定位在这个时期。所以理性时代就被设想为，理性的法则已然普遍生效的时代。这种根本上"欧洲式的"启蒙观点，后来被谢林在《先验唯心论体系》中演绎为"法治国家的联盟"这样的康德式论题。但与此同时，"恶"的难题也重新显露了出来，并且后来分别在1804年，尤其在1809年成了谢林的主要论题。神话理论以及对它的哲学反思清晰地表明，如何对待古代文本这个问题，尤其是如何对待那些与人息息相关的文本的问题，催生出了对宗教哲学和历史哲学的构造。只消考虑到这一点，一些在不久前还很流行的说法必定就会被断然拒斥，比如认为历史哲学源于神正论的破产，亦即不过是里斯本大地震①的后果而已。但恰恰并不是因为人们已经对关于神的观点感到扫兴，而是因为人们不仅想形而上学地思考神，而且想把神作为启示着自己的神来思考，正是这个原因自行构造出了历史哲学，确切来说，是在与宗教哲学的直接关联中构造出了历史哲学。

然而，一个已经解决的难题必定又会生出新的难题。神话理论抹去了不同神话间的差别。为什么会有某个神话被视为启示，而其他的则不是呢？神话理论并没有回答这个问题。在荷尔德林文稿的观点中，赫西俄德的《工作与时日》与所罗门箴言的区别，仅仅是由于不同生活环境塑造的不同行为方式，而在谢林看来，《创世记》的第三章所说的，与潘多拉神话所说的是同一回事②。所以在这种观点里，"启示"根本就再无从谈起了。在这个时期，神话和启示是被一并思

① ［译注］1775 年发生于里斯本的大地震，是人类历史上破坏性最大和死伤人数最多的地震之一，欧洲历史上最大的地震，同时也是首次有科学纪录与研究的地震。这次地震在哲学上影响很大，康德本人也对此进行了多次讨论。

② AA I，1，81 及以下（SW I，20 及以下）。

考的，至于对它们进行区分则是谢林到晚期才确立起来——并且才有能力确立起来——的论题。

神话的形式

谢林是从神学解经中了解到神话难题的，这一点对今人来说无论如何也还是可以做到的。首先一个重点在于，要在其本己特有的思维和言说方式中去把握神话，因此先前仅仅被认为是对流传下来的神话进行记载的文本，现在也能一并作为富有意义的文本得到理解和解释了。就此而言，首先必须做的就是在它自己的形式中把握神话，也就是把神话把握为源自想象力的图像语言。只有已经把某个文本把握为神话式的，以及把握为图像式的，才可能把它转译为带有理性烙印的语言。只有如此才能避开莱辛在《论人类的教育》中要反对的莱马鲁斯残篇的立场，这种立场压根就没有看到一种语言转译的必要性。从这一点出发也就能说明，谢林为何把神话把握为一种意识形式。这种意识形式的特质刚刚已经提到了；就一般而言，总是存在着许多贫乏，但这些贫乏只有从得到了进一步展开的意识出发，才可能作为贫乏得到刻画：比如作为对知识的贫乏，作为对表达和反思能力的贫乏，以及对批判性间距的贫乏，等等。反过来看，在贫乏尚未被反思为贫乏的贫乏中，是想象力和感性在起支配作用。从判断力的方面来看必定会被认作贫乏的东西，其实也有自己丰富的一面。当判断力没有展开之际，"混淆"和"谎言"的可能性也就会陷入无尽的贫乏。所以，较之于某种经由判断力产生的理论，神话无疑更多地属于真理。

神话时代同样缺乏由判断力的中介而得以传达的间距；人类以原始和应激的方式做出活动和反应。人类生活在神话中，确切地说，生活在与神话没有间距的情况中。对远古时代各种行为的回忆不仅仅是对内容的报道，当我们在言说它们的时候，它们就得到了当下化并发挥着作用；从神话意识出发，祖辈的行为也就得到了当下化，而绝不仅仅是仿佛在与人有所间距的戏台上演戏。谢林对此生动地说道："父亲会兴致勃勃地给儿子讲述史前的传说，儿子又与部族的其他男子在对古代传说的诗赛中激烈竞争……而几个世纪之后'会拼读的人类'则会把流传给了他们的传说，看作一部向他们阐述着自己时代的历史书，而如果是这样，公正的法官或许就会说：一个古代人对于'会拼读的人类'所犯的这种罪行该怎么审判呢?"① 正如门德尔松认为的,"会拼读的人类"就是所谓的"文士";他们的内心早就疏远神话了。

正如谢林自己饱含激情地公开写道,神话时代绝不只是一个贫乏的时代;这种判词不过是从判断力出发才确立的。神话中的人尽管谈不上是过着一种超越性的生活,尽管与其血缘上的先祖一样一任自然地生活,但这也意味着仍与自然比邻而在,所以神话中的人恰恰以充满了自发性和感性的方式在生活。此外,这些人的神话还带着他们在某种程度上自然生活的烙印,在其中,他们作为比如猎人、采集者、牧人或农夫生活。② 当神话中的人伴随着日益精细的社会分工而在判断力上不断发展之际,他们无疑会从中有所获益,但也正因为这样——这可能是谢林从赫尔德那里读来的观点——进步必须以意义的亏损为代价。

神话的内容

谢林区分了两种神话类型:历史的和哲学的;他

---

① AA I, 1, 197 及以下 (SW I, 45.)。
② 同上书, 206 及以下 (SW I, 53.)。

也把哲学的神话称作"探索本原"。对下面这回事情，谢林始终有着清醒认识：尽管"历史与哲学在这些传说中合流"需要常常强调，但是"两者仍需在一种批判性的探究中分离开来"①。神话式历史所不断流传的——无疑，是以口传的方式——是真实发生的故事。倘若神话式历史所流传的确实是这个，那么能做的仅仅是讲述历史。如此一来，历史要讨论的要么是最古老的世界，要么是某一族群的家族史。② 历史的神话跟哲学的神话区别在于，前者以历史为目的，而后者之所以是"哲学的神话，是因为它是关于某种真理的学说和对它的阐述"。③ 常常有一些属于过去的行为被有意流传下来，被确立为眼下的典范。如此观之，历史神话的传统其实就是一种伦理指示。所以历史的神话常常不加区分地就溜进了哲学的神话中。谢林总结说："总而言之，某种传统的学说始终都在影响着一些族群的生活，这一学说把和谐和统一带给那些未经教化的人群，因此这一学说也就是轻柔的纽带，通过它，社会被联结入同一个家族、同一种准则、同一种信仰、

---

① AA I, 1, 195 (SW I, 45.)。
② 同上书，207 及以下 (SW I, 45.)。
③ 同上书，212 (SW I, 57.)。

整齐划一的行动。"① 所以可以清楚地看到，就事实来说，区分历史的神话与哲学的神话是困难的，两者在大多数情况下压根就不可分。

探索本原的神话就是那些呈现着一种真理的神话，确切地说，是以历史性的方式，或者说类似历史的方式进行呈现。② 在他以哲学—解经学方式写就的学位论文中，谢林把《创世记》第三章揭示为关于罪恶之起源的历史。因此，一种神话式的探索本原所讨论的对象，跟之后的哲学所讨论的对象是同一个，只不过前者无力以概念的方式表达这一对象，反倒不得不在图像式的言语中道出。《创世记》第三章对问题的呈现是一种方式，而在探索本原的神话中，人类所具有的同样问题又以另一种方式得到言说，这些问题也可以被称作终极问题或者首要问题。正如谢林所言："所以如果有一个现象确确实实能得到说明，那它并不是据其起源本身得到说明，而是据其终极起源得到说明。"③

关于终极起源的问题，必将把人类指引到关于更

---

① AA I，1，218（SW I，63.）。
② 同上书，219 及以下（SW I，64.）。
③ 同上书，232（SW I，73.）。

高本质的思考上。"人类只消曾经预感到，在现象之外还存在着某种自己的眼睛不曾见过、耳朵不曾听过的东西，这一点堪称奇迹……当自然越是以丰富多样的形态对人类启示自己，人类对自己神话的塑造也就会越来越丰富多彩。当这种对以不可见的方式进行运作的本质的信仰成为民众信仰，关于这个本质的种种类人性状、关于一个神如何出自其他神、关于诸神对感官世界的不同影响的越来越多的传说，就会在民众之间口口相传。"① 也就是说，对终极问题或者终极起源的反思会导向对于诸神世界的讨论。

如果考虑到，在其早期文本中，谢林就已仅仅从概念而言，而不是在事实上把历史性神话与探索本原相割裂了，那就可以理解，为何在谢林思想的晚期阶段，历史性的神话不再具有独特地位。我们进一步可以把握到，诸神世界何以成了神话具有的主要特质，因为只要神话以终极问题为主题，那它就会走向诸神世界。在《艺术哲学》中谢林也进一步说明道："诸神之诗的整体……就是神话。"② 如果关于诸神的言说一

---

① AA I, 1, 237（SW I, 77.）。
② 《艺术哲学》，SW V, 405.（[译按] 此处参考了先刚译本：北京大学出版社，2021年，该译本保留了德文页码，故在此不另标明中译本页码。）

方面是形象化的，而另一方面又涉及终极问题，那么诸神必定也可以在理性的话语中得到概念式把握。从这一洞见出发，理解下面谢林同样在《艺术哲学》中下的断言也就轻而易举了："实际上一切神话中的诸神不是其他，正是客观地或者实在地被直观到的哲学中的理念。"①

凭着刚刚的这些提示，已经可以预先把握一些东西了。至少借此得到暗示的是，尽管谢林思想演变有许多差异，但关于神话仍有一条确定的主线一以贯之。谢林早期思想就已经刻上了这样的要求：以哲学的方式将神话本身把握为一种特有的意识形式。而只有通过对理性自身展开的构想，也就是对历史哲学的建构，谢林才能实现这一目标，而在他的学位论文 VII 节，这种建构的基本要素就已经得到了基本勾画。理性将会被把握为理性的展开过程，在这种展开中，想象力、判断力和理性（狭义上的）三种能力将会相继坐庄。所以谢林就以斯宾诺莎和康德所讨论的理性能力来构造自己早期历史哲学的结构性要素。推动谢林产生这

① 《艺术哲学》，SW V，370。

一构想的，就是对神话的研究，这一研究之后也会把他引到解经研究上。而谢林的贡献就在于，把理性能力设想为历史的结构性要素，进而赋予了神话一个能够以哲学的方式来思考的位置。

第五章　自身意识与自由

临近谢林学生生涯的终点，有两个哲学的难题域萦绕着他，一个是理性的统一性问题，另一个是理性的历史问题。先验哲学引发了第一个难题，而神话现象引发了第二个。而随着费希特1794年《知识学》等书籍的出版，首先是第一个难题变得尤为尖锐。而第二个难题似乎是暂时隐退了，但它并没有消失；毋宁说，它跟第一个难题捆绑在一起。在《论一般哲学形式的可能性》这个文本的第二部分，有一个对近代哲学史的回顾，尤其是对康德哲学的回顾。而理性的统一性难题早在1792年的手稿中就已经是谢林要反思的课题了；理论理性和实践理性应在其统一性中得到把握。在前面"始于康德"这一章里，我最后已经提到了谢林的《一般性概览》一文中的一处文段，而这处文段表明，谢林在这部手稿里就已经接过了理性统一性这个难题。所以我们紧接着这处文段继续讨论。

自身意识与自身规定

在这处文段中，谢林断言，理论哲学不能复由理论哲学来奠基，而要由实践哲学奠基。[①] 知识活动的意识已经以一种自由活动为前提，在其中，主体已然从它当下恰恰具有的那些表象中摆脱了自己，并已经对作为认知者的自己进行了反思。我们的意识指向周围世界的客体，这完全是自然而然的。但当意识主动对自身进行反思之际，它就必须把自己从这种自然指向中摆脱出来。在自然意识中不包含任何能把我们从它之中驱赶出来的东西。"但精神由以使自己从客体中解脱出来的那个行动自身，除了从精神的自身规定出发来说明，就无法再进一步了。精神自行规定自己要这么做，而当它在规定自己时就已经这样做了。"[②] 谢林随即解释道："精神的这种自身规定就叫作意愿。唯有精神在意愿，因为精神是自由。精神在意愿，对这

---

① AA I，4，126．（SW I，399 及以下）
② 此处及后文都出自 AA I，4，121（SW I，394）。

一事实不可能给出任何进一步的根据。"知识活动对自身的反思不能被把握为一种纯粹理论性的知识之实行，而是预设了一种实践性的活动，一种意志或者说自由之活动。谢林总结，这种"意愿活动本身就是自身意识的最高条件"①。关于这一活动，或者说行动，谢林说，它就是那个"把理论哲学和实践哲学统一起来的活动"。正因为它统一了两者，所以它也是两者差异的源泉，确切地说，它之所以也是差异的源泉，是由于这个活动是一个进行自身规定的活动；在这一活动中，精神一方面是活动着的、进行着规定的，另一方面也是被动的、接受规定的。如果这种自身规定的活动是一种意愿，那它就一定在意愿着某物；如此一来，它也就超出了自身意识，进而处在自己对立面的现实性中。意愿的全部力量都指向这种现实性，进而意愿自身的实行也就表现为对这种现实性的改造。当意愿指向现实性之际，意识才根本上会有朝向这种现实性的最初实际性关联。以先验的方式来设想的话，那就是说，现实性只有通过意愿才会被意识到。

谢林所断言的这种理论与实践理性的统一性，可

———————

① AA I, 4, 122 (SW I, 395.)。

以认为正是他在康德的"自律理念"①中发现的。这一理念会导向对物自身和现象的区分，确切地说，之所以如此，是因为只有当自然因果性被限制在现象上，并且对物自身无效之际，"自律"这个构想才能得到保持。对此，谢林援引了《实践理性批判》的一处文段，康德在那里讨论道，可以把人类的种种行动都视为现象，一切在心理学上遵循因果律的都可以通过动机来解释，而只要行动着的主体被视为物自身，那么这些动机也就仍是自由的。② 为了进一步理解这段话，谢林追问提出这一观点的人："那么在这里，谁是解释者呢？……这又是向谁在进行解释呢？"谢林自问自答说，有一个自我在自行对自身进行解释，因而它对自己显现为自身。借此，谢林也就把自我把握为"这样一个本原，因为一切其他的东西都在它面前显现，所以它自身不可能是现象，或者说不可能处在现象法则的支配下"。③ 谢林借此也就对康德断言中真正的主张进行了反思。倘若对于解释者自身的解释可以根据因果律解释，那么它就根本什么都没解释，因为倘若如

① AA I, 4, 123 (SW I, 397)。
② KpV 177 页及以下。
③ 此处及下文都出自 AA I, 4, 124 (SW I, 397)。

此，那这种解释就会是必然的，进而就根本不可能再去追问它究竟是不是真的了。因此，解释的可能性就蕴含在下面这一点中：解释者在解释行为中自由于因果必然性，而解释者也必须把因果必然性断言为被解释的东西。"所以很明显，通过断言在我们自己面前以经验的方式显现出来的自由行动，康德预设了一个更高的本原。"

只要知识活动应被奠基，这样的一个更高本原就必定存在。在知识活动中，有一种关联被设想，至少在形式上，一切被知识到的东西与知识行为属于同一个主体，并且主体间相互理解的可能性，就蕴含在这一进行着知识活动的主体性的相同的结构中。这样的关联预设了一个对它进行着说明的本原，所以才有对比知识活动更高的本原的断言。"唯一超出我们一切认识之上的东西，乃是先验自由的能力，或者说，我们之中的意愿活动。"① 这种自由是"唯一的不可把握者，不可消解者，据其自然本性而言，乃是最无根据者，是最不可证明者，但也正因为如此，是最直接者，也是我们知识活动中的最具自明性者"。

---

① AA I, 4, 127 (SW I, 400)。

任何人只要把自己放到自由的立场上，他无疑就会从世界中绽脱而出。谢林引用了阿基米德来说明这种在世界之外的立场：只有接受这种立场，才能像阿基米德那样"撬起世界"。谢林的立论基础是康德，确切地说，是基于对康德《哲学中的一种时兴高调》一文的引用。在这篇文章里，康德——恰恰也引用阿基米德——把"通过不可动摇的道德法则呈现为确凿无疑的地基的自由之内在性理念"①称为理性能够凭以撬动杠杆的支点。"理性必须从世界的关联总体中绽脱出来"这一观点，谢林后来在《埃尔朗根讲授录》中则归到了"绽出"（Ekstasis）这个主题下。

在这个时期，谢林首先是关联于围绕先验自由的知识活动，从其不可把握性出发得出了以下结论："对于这个绝对自由，我们除了通过行动，没有其他方式意识到它。"不过谢林紧接着又补充了他的意思："进一步演绎这个绝对自由是不可能的。"②这一自由不可能通过某种中介活动被意识到，相反，它只能直接被意识到。对自由的实行就是意愿。关于这一点，谢林说道："在绝对意愿中，精神会直接地意识到自身，或

① 《康德全集》，卷 VIII，柏林，1923 年，第 403 页。
② 此处及下文都出自 AA I，4，128（SW I，401）。

者说，精神拥有一种对自身的理智直观。""理智直观"
这个著名的说法就出现在这里。谢林深知"康德否认
了一切理智直观"①；所以他解释道："直观意味着这
样一种认识，因其未经中介，所以是理智的，也因为
它拥有一种朝向客体的活动性，这种活动性远超一切
经验性的东西，而且是绝不能通过概念通达的。"② 为
了明确自己对康德概念的立场，谢林也援引了前面提
到过的《纯粹理性批判》中的一处注释，并论说道，
根据康德自己的话"我思这个命题仅仅是经验性的"，
但他接着说："但在这个命题中的'我'，是一个纯粹
的理智性的表象，因为它必然先行于一切经验性的思
想。"③ 可见在这一点上，谢林完完全全是逐字逐句地
在引用康德，但他紧接着又超出了康德。因为谢林断
言，尽管"恰恰因为自身直观的活动是始终存在的，
所以在表象的洪流中，自我自身不会消失"④，所以如
此看来，谢林仍与康德保持在同一战线上。从《纯粹
理性批判》来看，先验统觉是一切判断之实行的前提。

———————————

① 《论自我》，AA I，2，106（SW I，181）。
② AA I，4，128（SW I，401）。
③ AA I，4，128（SW I，401）。谢林此处引用的康德文段出自 KrV B 423 注
　 释。
④ AA I，4，128 及以下（SW I，402）。

在一切判断中，先验统觉都能把自己实现为"我思"的构想。但谢林在讨论自身直观时却认为，"它由以保持自身的东西是先验自由"，所以也正是凭着这一点，谢林超出了康德。谢林在这里反思而得的，是一种先验统觉必定具有的自立性。如果先验统觉在贯穿一切判断活动之际仍保持自身，那么它必定不是通过判断产生的产物，而是通过自身来保持自身。被称为"自我"的理智性表象之所以保持着自己，是因为它意愿坚守自身。"意愿"这个词在这里所意味的，并非现在、先前或者今后的人可能会以为的"决断"，而是必须被先天预设的自行开启、自行断定的意志，如若不然任何个别判断都是不可能的。

一条阿里阿德涅之线

在刚刚讨论的这处文段里，谢林还援引了费希特的《知识学第二导论》。但恰恰这一关联仍然成问题。谢林与费希特两人在下面这点一致：自我只有在理智直观中才能被把握；对费希特来说，这个自我仍是彻彻底底的统一体，但谢林会觉得事情不止这么简单。按谢林的话说，自身直观依于先验自由方可包含自身。

而自身直观所直观的无疑是自身，而非任何异在的东西，但其直观也直观到了自己的意愿。两者是同一个活动，然而在谢林看来，在这里仍需同时在统一性中看到一种差异。

谢林早在 1797 年夏天①就清晰表达了这个难题，该难题一直伴随着他之后的哲学生涯，并让他为之殚精竭虑。自由是自身规定的；就此而言，这个难题也可以被把握为自由的自身规定难题。对自由的自身规定而言，包括对规定的知识以及进行规定的意愿。所以自由的自身规定兼具理论和实践两重面相。精神的实行活动是同一的，它分化为这两重面相。而这两面如何能被设想为一体，则是谢林思考终身尝试去解决的问题。

在《先验唯心论体系》中，谢林把两个论题聚合在了一起。首先他强调，只有下面这个东西才能进行无条件的认识："对它的知识唯有通过主体性之物，而非通过某一客体性之物才能得到条件的奠定。"② 一种通过某一客体奠定条件的知识活动，或许恰恰由于这

---

① 根据瓦尔特·席舍（Walter Schieche）给《一般性概览》（*Allgemeinen Uebersicht*）写的编者报告，谢林在 1797 年 8 月 26 日将此处提到的部分内容写成手稿寄给了尼特哈默（Niethammer），因此该稿件应该在同年夏天落到尼特哈默手上；参见 AA I, 4, 28。

② 此处及下文都出自《先验唯心论体系》，SW III, 362.（［译按］此书早已有梁志学、薛华合译的中译本。）

种有条件性而不可能是无条件的。但仍有一种洞见与之对立："但在一切知识汇总时，总会有一个客体性之物被设想为与主体性之物相会合。"一种自省反思自身的知识活动对自己有所知识，但它也仍没有因此成为"某物"。所以谢林说，"本真的知识活动以对立者的会合为前提"①，也就是说，本真的知识活动同时来自主体性之物和客体性之物，所以它恰恰不是主观性的。这种会合是一种综合，所以主观性的知识活动从自身来看反倒只是一种观念性的知识。如果在知识活动中（a）应当有一个无条件者，并由此而确凿无疑；（b）但也应包含一个并非知识活动的内容，那么必须找到这样一个点，"在其中，同一性之物和综合性之物合而为一"②，或者正如谢林之后说的："在其中，主体和客体是未经中介的一。"③ 这个唯一可能的点则蕴含在"被表象者同时也是行表象者，被直观者同时也是行直观者之处"。谢林继续说："但这种同一性……只存在于自身意识中。"④ 而使谢林与费希特分道扬镳的决定性论点就在于，自身意识中的被表象者的实在性乃是

---

① 此处及下文都出自《先验唯心论体系》，SW III, 353。
② 同上书，363。
③ 同上书，364。
④ 同上书，364 及以下。

一桩行动。谢林把在自身意识中产生着的知识活动称为"自我"。关于它，谢林说"这是纯粹的行动，纯粹的行为"①，这样的描述或许也可以来说明纯粹意志。意愿和知识在自身意识的行动中是一体的。当它们彼此分离、各自凸显之际，随即也就彼此分脱成了无意识和有意识的活动；而"体系"的作用，就是辨析出它们的关系，直至两者不可消解地在一个客体，也就是艺术作品中出现，艺术作品只能被理解为产生于一种无意识的活动、一种天才的灵感，但艺术品同时也产生于一种有意识的艺术赋形活动，所以这两种活动其实是同一个活动。

在自然哲学中，谢林则在"无条件的生产性"和"对它的阻碍活动"——两个概念中的任何一个都是对另一个的限定——讨论了同样的结构。而在同一哲学中，这个结构又在"建构"概念，也就是在把有限者建构于无限者内的方案中再次出现了，而在"自由论文"中，这个结构则呈现为神之中的自然与逻各斯的关系，而在《世界时代》中则表现为理性与疯狂的关系②，最

① 此处及下文都出自《先验唯心论体系》，SW III, 368。
② 可参见 Wolfram Hogrebe, *Prädikation und Genesis. Metaphysik als Fundamentalheuristik im Ausgang von Schellings "Die Weltalter"*, Frankfurt a. M, 1989。

终可以发现，这个结构在"否定哲学"与"肯定哲学"的区分中仍然有效。所以在早期谢林所表达出的问题域和结构中，至少埋藏着一条阿里阿德涅之线，可沿着它穿过谢林哲学的许多不同领域，进而将之把握为具有统一性的"一种"哲学。

第六章 自然与无条件性

谢林的哲思凭着衔接于康德而成型起步。这一点在第三章中已经阐发过了。此外还可以看到，甚至从康德哲学出发，也能找到一条进入谢林自然哲学的更简易的途径。对此，首先要提三个发端点。在一些研究中，其中的两个已经被经常讨论到了。[①] 其一是《判断力批判》，确切说是目的论判断力。其二则是康德的《自然科学的形而上学基础》。而第三个鲜有人讨论的点则是辩证法，确切地说，是《纯粹理性批判》中的二律背反。而谢林对无条件者的追问，就接续着二律背反问题。下面就来讨论这个问题。

谢林的《自然哲学最初方案》以一个论点和问题

---

① 可参见：Jantzen, Jörg, *Die Philosophie der Natur*, 载于 *F. W. J Schelling*, Hans Jörg Sandkühler 编, Suttgart/Weimar, 1998, 82—108。

开始。论题是："究竟怎样的、必然也能被视为彻底无条件的对象，才可以成为哲学的客体。"紧接其后的问题则是："这就是要问，在何种程度上自然能够具有无条件性？"[①] 因此从这两个问题来看，这个论点不言自明地是在把哲学视为最严格意义上的科学。因为一门科学之为科学，乃是因为它必须被理解为一个关于某个特定的、自由的、因而不是被任意设定的对象领域现实或可能的知识整体。而无论如何，这个整体都必须在一个基本假设中得到表达，而这个假设规定着将在这门科学中得到探究的东西。这个基本假设说明了将得到探究的整个对象领域。所以这一基本假设所道出的，乃是任何一门科学唯有在其中才能获得其种种认识之结论的条件。因此，这个基本假设就是任何一门科学的命题由之才得到条件奠基的无条件者。

以上解释也就进一步说明了，谢林何以说这个对象要被视为"彻底无条件的"。在这个表达中显露出的任务，乃是哲学自古以来的任务，亦即言说整体本身，而个别的科学则只需要言说片段——这就是它们与哲学的区别所在。但这里所说的"基本假设"，必须道出

---

① 《自然哲学体系方案》，AA I, 7, 77（SW III, 11）。

一个无条件的东西，使我们必然能够站在那些个别科学的对面。这个是基本假设的东西，对自然哲学而言，恰恰就是对无条件者的基本假设。所以谢林才会问："在何种程度上自然能够具有无条件性？"

在对"无条件者"概念的讨论中，谢林借助德语本身进行了说明，在"无条件者"这个词中，可以听到"物"这个词。[①] 所谓的"无条件的"东西，即不是物，进而也不可能成为物的东西。"是某物"就意味着能够成为知识的客体。而一个客体始终都是通过一个主体才得到条件奠定，只有面对主体它才是客体。因此，如果无条件者乃是不可能成为物、成为客体的东西，那它就必须被设想处在主客体差别的彼端。可这样的东西该如何讨论呢？

要回答这个问题，首先必须把目光投向康德关于无条件者的理论，从那里出发才能勾勒出导向谢林理论的线索。然后需要考虑，从前一点出发的何种结论为自然哲学提供了为自然赋予无条件性的合法性。而最后的问题则是，自然哲学中的无条件者与为哲学的另一分支奠基的无条件者之间的关系为何？

---

① 《论自我》，AA I, 2, 89（SW I, 166）。[译注]"无条件者"这个词德语为"das Unbedingte"，"物"的德语为"das Ding"。

康德的无条件者理论

康德是从直观与思想的共同作用来把握认识活动的。[①] 思想把自己实行在形式和范畴中。这种实行包含了三重关系，其中就有因果性。但因果范畴的运用没有终点。每一个原因都可以被把握为结果，每一个结果也可以被把握为原因，直至无穷。从这一事实出发，也就产生出了一种要把整个自然把握为有其内在法则的关联总体的必要性，这样的自然可以被认为其中没有断裂、没有命运、没有跳跃也没有偶然。在康德看来，这种合法则性才构成自然。

我们有限的精神无法认识（也就是来自思想和直观的认识）因果性的无限关联，虽然无法认识，但我们仍能够去思想这一关联。我们甚至必须去思想它；因为倘若我们否认它，就会取消自然认识的根本法则。但如果我们所思想的是无限的关联，那么我们所设想的，乃是以因果方式得到规制的现实及可能的直观之

---

① 参见 Jacobs，Wilhelm G.：*Schelling im deutschen Idealismus. Interaktion und Kontroversen*，载 于：*F. W. J Schelling*，Hans Jörg Sandkühler 编，Suttgart/Weimar，1998，66—81。

总体，或者说，是自然的总体。但既然总体就其定义而言没有任何东西在自己之外——这一点就是"总体"的规定——那么它自己就是一切条件的无条件者。当因果范畴演进之无限之际，由之也就产生出了自然的总体，康德以"世界"这一理念称呼这个总体。

理念并不为认识奠基，它们只是在范导认识，也就是说，它们为五花八门的个别认识提供了秩序的可能性，进而以此使得知识能够被构想为体系，即被构想为更加通透和有意义的认识整体，而非外在堆积（比如垃圾堆）。但这样一来，个别的认识必须这样来设想：它们必须被归入一个可能的体系中，对个别的认识来说，这个体系必定是它们的目的。因此，对于在"世界"这个理念中已然蕴含的体系来说，"合目的性"是不可或缺的，这　点康德在《纯粹理性批判》中已经强调过了。①

我认为，要理解谢林，重要的是把握下面几点。

第一，康德把无条件者理解为条件的总体性。因此他并没有像费希特那样把无条件者理解为绝对者，也就是理解为在其中没有区分的纯粹统一性。康德的

---

① KrV A 700 及以下、B 728 及以下。

世界理念是差异者的同一性。按谢林的话说就是，世界理念并不是"一样性"（Einerleiheit），而是同一性（Identität）。

第二，康德的体系概念与合目的性是关联在一起的。基于这一点，威尔（Reiner Wiel）指出，康德在《纯粹理性批判》的建筑术章中，就把理性体系比作类似于动物的，也就是说以合目的性的方式安排的躯体。[①] 康德体系概念是有机体体系的概念，即有机物的体系概念，而绝不是一种"集合装置"意义上的体系概念。

第三，除了世界这个理念，康德还有另外两个理念，也就是"灵魂"和"上帝"。它们源自另外两个关系范畴，其中一重关系来自"依存性和自存性"，而另一重关系来自协同性，也就是"行动者和受动者之间的交替运作"[②]，而最后这重关系则是那个统一前两者的关系[③]。在这一点上，也呈现出了康德与追随他的谢林和费希特之间的区别；费希特不承认绝对者概念

---

① Wiehl, Reiner, *Schellings Naturphilosophie — eine Philosophie der Organismus?* 载于：*Schelling und die Selbstorganisation. Neue Forschungsperspektiven*, Marie-Luise, Heuser-Keßler, Wilhelm G. Jacobs 编，柏林，1994 年，113—134 页，118 页。Wiehl 这里讨论的是 KrV A 832 = B 860 及以下。

② KrV A 80 = B 106.

③ KrV B 110 及以下。

的复多性，在他那里，绝对者概念始终被放在"无条件者"的位置上。

当我们把谢林的问题概括为"在何种程度上自然可能具有无条件性"，我们实际上已经感受到了，一旦把自然设想为源自因果范畴的总体性，并且恰恰是自然构成了一个有机整体，就已经体验到了自然具有的"无条件性"的方式。这个时候，我们很明显就站在谢林这边。谢林与康德都认为，无条件者的概念乃是统一了同一与差异的概念。进一步来说，通过康德，理性成功达成了认识的体系性秩序；这一秩序必然会推导出反思性判断力的存在——这一秩序会依循反思判断力呈现出自己独有的合目的性概念，进而以此把体系处理为有机体。不管是康德还是谢林，都认为自然必须被设想为有机体。所以他们都承认存在着复数的无条件者，而先验哲学与自然哲学的区分也表明了这一点。

谢林在1799年《自然哲学体系方案》的导论中对这一区分的说明是：哲学的这两个部分是对立面。从自然哲学的方面来看，首要的区分在于"自然哲学把自然设定为自立者"①。具有自立性的东西是不依赖于

①《自然哲学体系方案导论》，AA I, 8, 30（SW III, 273）。

— 105 —

任何其他东西的东西，也就是无条件者。谢林在这里是与他的先验哲学相对立地强调自然哲学的自立性，在先验哲学那里，是自我被设定为自立者，也就是无条件者。如果从康德出发来设想这一点，就不会奇怪为什么谢林在"维尔茨堡体系"中，神会作为第三个无条件者而出现。

无条件者中的有条件者

如果"康德主义者"这个词是说某个人固守在康德洞见上，那可以说谢林并不是一个"康德主义者"。谢林所做的是反思康德哲学，希望根据康德的说法（这些说法前面多次提到了）从其结论走向前提，所以在某种程度上可以说，谢林是在"倒着读"康德，因此我们才说，谢林"从辨证论出发"。只消我们看看谢林关于"自然"的说明，上面这点也就一清二楚了："自然绝非因为它是产物才是自然，而是因为它同时是生产性的也是产物。"谢林称为"产物"的东西我们可以把它认作"客体"。产物在我们面前显现为客体，它站在我们对面，它们是对象，因而是稳固且得到固定的。但在真理中，稳固性只是一个假象。所谓的"产物"其实是假象产物。它其实只能被理解为"被生产出来的东西",也就是从一种生产活动中被产生出来,并且始终被进一步生产出来的东西。所以不管我们是否注意到,"产物"都并不持留,它一直在消逝。

产物作为客体对应于生产活动作为主体,不能认为这里的主体是一种有意识的主体,相反,这种作为生产活动的主体是蕴含在有意识主体之下的主体,这种意义上的主体等同于拉丁语的 *subjectum*。自然作为主体就意味着生产性的活动。赫尔曼·科林斯对此解释道:"作为主体的自然就是纯粹的生产活动,它在自己的一切产物中都保持统一,但也以不同的方式呈现出来,因此,自然就是绝对的活动。"①

所有这些康德从不曾讲过,而我们也无法从他那里得到支持,去把生产活动理解为产出,把他的因果范畴恰恰理解为这种产出活动。但无论如何,谢林的生产活动概念,始终都是一个高于康德那里被设想进入无限的因果概念的概念。谢林的生产活动概念,指

① Krings, Hermann, *Natura ls Subjekt. Ein Grundzug der spekulativen Physik Schellings*,载于:*Natur und Subjektivität. Zur Auseinandersetzung mit der Naturphilosophie des jungen Schelling. Referate*,*Voten und Protokolle der II. Internationalen Schelling-Tagung Zürich 1983*,Reinhard Heckmann, Hermann Krings, Rudolf W. Meyer 编,Stuttgart-Bad Cannstatt,1985 年,111—128 页,123 页。

的是永不止息的产出活动。在《自然哲学体系方案》中，谢林也把这种生产活动称为"建构性的活动"①，如此一来，他与康德的区别也就显而易见了，因为康德不允许哲学中存在"建构"。在谢林看来，所谓"建构"就是对普遍者中存在的殊异者的呈现，而正如柯林斯总结的，谢林所设想的普遍者，"并不是一个与殊异者概念相对立的、反思意义上的普遍者，而是'理念'意义上的普遍者，即统一性与普遍者和殊异者之反思性对立的共同理念"②。所以，谢林的"建构性活动"就是生产活动和产物的统一性理念。

在这里所揭示的与康德的差异，可以被理解为谢林对康德哲学的一种反思。谢林的问题可以这样来表述：康德已经把世界理念指明为自然的系统性认识的可能性条件。但对于对殊异者的认识来说，这种无条件的条件意味着什么？谢林并不像康德那样追问可能性的条件，而是反过来去追问，有条件者如何在对它的条件性奠基中设想。所以依据这一点，谢林的方法

---

① 《自然哲学体系方案》，AA I, 7, 78（SW III, 12）。
② Krings, Hermann, *Die Konstruktion in der Philosophie. Ein Beitrag zu Schellings Logik der Natur*，载于：*Aspekte der Kultursoziologie*，FS Mohammed Rassem, Justin Stagl 编，柏林，1892 年，341—351 页，346 页。

是建构。既然谢林把康德关于辩证法的思想理解成了分析，那他必然会变更方法。这种方法被他称为"思辨"（Spekulation）。

进一步来说，从世界理念的总体性中构造出了什么？总体性与它是其总体性的那个东西关系为何？很明显，总体性不是部分的累加总和。毫无疑问，对于"累加"来说，必要的是把累加的东西视为可累加的东西。因此，在累加之前已然蕴含使累加活动是其所是之物，现在就来讨论这一点。作为"累加"而得的总体还停留在反思领域。莫伊索（Francesco Moiso）指明，谢林已经认识到通过累加而产生的数学级数难题，他说："在从有限的量出发对其进行构成时，所有个别的数学级数都显示出，那个只能以形而上学方式推断的源初连续性，唯有从它出发，一切量才能通过迭代而产生。"① 所以总体性必须被设想为使殊异者得以可能的连续性。

这种"使可能"在谢林那里并不能被设想为演绎范畴。演绎注定搁浅的地方在于，它无法理解从无条件者向有条件者的过渡。所以唯一剩下的方法，就是

---

① Moiso，Francesco：*Formbildung*，*Zufall und Notwendigkeit. Schelling und die Naturwissenschaften um 1800*，载于：*Schelling und die Selbstorganisation. Neue Forschungsperspektiven*，Marie-Luise，Heuser-Keßler，Wilhelm G. Jacobs 编，柏林，1994 年，第 73—112 页，第 80 页。

斯宾诺莎以 exprimere（表现）一词所刻画的那种了。在殊异者中，也就是在产物中，生产活动把自己表达出来，或者用谢林的说法，把自己启示出来，同时把自己隐藏于产物中。① 如此观之，正如谢林用莱布尼茨的话说的，殊异者就是宇宙的镜像。

但是，谢林在这一点上有没有倒退回前康德的旧形而上学？倒退到莱布尼茨和斯宾诺莎那里呢？像科瓦奇科和威尔这样的学者反对这个说法②，我也赞同他们。而维兰德③早就把谢林的自然哲学阐释为了对康德批判的进一步发挥。谢林所反思的，是我们都知道的一件事情："根本上来说，除了通过经验原本无物存在。"④ 因康德而众所周知的知性（以及直观）形式为我们所获得的条件，也是可能性条件，它使我们能在一个自由的行动中把自己从直接经验中摆脱出来，

---

① 《论世界灵魂》，AA I，6，78.（SW II，382.）（［译按］中译本见《论世界灵魂》，谢林著，庄振华译，北京大学出版社，2018 年。）

② 比如见 Kowarzik 的：*Von der wirklichen, von der seynden Natur*，第 67 页。Wiehl, Reiner 的 *Schellings Naturphilosophie—eine Philosophie des Organismus?* 第 117 页。

③ Wieland, Wolfgang, *Die Anfänge der Philosophie Schellings und die Frage nach der Natur*，载于：*Natur und Geschichte*，FS Karl Löwith，Hermann Braun 编，斯图加特/柏林/科隆/美因茨，1967 年，406—440 页，408—412 页。

④ 此处及下文都出自《自然哲学体系方案导论》，AA I，8，35（SW III，278）。

并把其形式提炼为经验。因此这些经验命题是第一位的，而哲学命题是第二位的。"经验命题之所以加诸先天命题，仅仅是由于人们把它们意识为必然的。"所以，对《纯粹理性批判》所提供的分析仍需再行深究。我们并非反对这些分析，但仍需追问其起源。分析的抽象性使殊异认识成了被遗留下来的零星之物；它们与理念的关联成了一种补充性的关系。在它们那里，没有任何东西会指向总体性，但它们毕竟仍归属在总体性中！所以威尔推论，谢林很明显比康德本人更清楚认识到"知性若无理性必定盲目，理性若无知性则必定空疏"①。威尔在这里戏仿了康德名言并借此暗示，正因对康德的批判，谢林才是康德的学生，而非一直都是"康德主义者"。

如果谢林把生产性设想为纯粹的产出活动——而产出活动作为理念则是它自身与其产物的统一性——那么它必定就要去指明这种存在于殊异者中的同一性。殊异者必须被呈现为宇宙中的小宇宙。② 所以谢林不可能沿用康德的方法。但这也并不标志着对康德根本

① Wiehl, Reiner, *Schellings Naturphilosophie — eine Philosophie des Organismus?* 第 120 页。
②《全部哲学，尤其是自然哲学体系》(1804)，SW VI, 232。

— 111 —

洞见的偏离，毋宁说，这产生了一种基于对康德基本洞见之反思的方法转换。所以谢林的自然哲学和同一哲学就是他的康德研究的结果。

所以这样一来，一切把谢林的自然哲学视为前康德形而上学的倒退，作为向实在论乃至物质主义的转化的瞎搅和，都是徒劳而已。谢林始终没有忘记康德对意识内在性的根本洞见。自然哲学——正如科林斯指出的——乃是先验的（这个词在这里是在康德意义上用的）"创世记"①。自然哲学的独有特质及其独立的必要性在于，它把自然现象的无条件者，自然现象的最终原因"彻彻底底设定并内置于自然中"。② 同样，先验哲学类似于康德的"灵魂"理念，把无条件者设定在自我中，而自然哲学之所以把无条件者设定在自然中，并把自然设想为无条件者是因为，只有以这种方式，自然才能被设想为一体者。倘若自然并没有在一个无需进一步条件奠基、也就是无条件的同一性中有其根据，那自然就会被摧毁。

但这种摧毁确确实实在自然科学中发生了。自然科学中的自然，用谢林的话说就是 *natura naturata*，即

_____

① Krings, Hermann, *Natura als Subjekt*, 116.
② 《自然哲学体系方案导论》，AA I, 8, 34（SW III, 277）。

作为客体的自然，也就是在特定视角和观点下被看待和探究的自然。但谢林说，自然哲学所指向的"是内在的驱动，是在自然那里非客体的东西"，而自然科学"则反之只指向自然的表层，即在自然那里客观的、进而仿佛外层的东西"。① 谢林的这些命题针对的可不是什么民科，而是他那个时代每一个最卓越的自然科学家。当然，谢林也没有鄙视自然科学，但他无论如何都不愿意承认，这些自然科学已经到了具有前面提到的那种"绝对性"要求的程度。生态危机使这一要求所产生问题已经远远超出了科学的程度。或许恰恰是出于这种错误的要求，才产生了我们当今常常遇到的对科学和技术的恐惧甚至敌意。逃遁到林间教堂或者类似的做法，不过是补偿自然之失落的无谓尝试罢了。科瓦奇克和舒尔茨认为，谢林的断言其实就是说，自然科学并不认识自然是什么。② 而在他看来，自然科学之所以不认识自然，是因为其机制仅仅要求它们去

---

① 《自然哲学体系方案导论》，AA I, 8, 34 及以下（SW III, 275）。

② Schmied-Kowarzik, Wolfdietrich, *Von der wirklichen, von der seyenden Natur*, 86 - 91.

Schulz, Reinhard, *Schellings Naturphilosophie und organische Konzeption der Naturwissenschaften—Bruch oder Kontinuität?* 载于：*Die Naturphilosophie im Deutschen Idealismus*, Karten Gloy, Paul Burger 编，斯图加特，1993 年，149—174 页，160—165 页。

探究自然的某一个片段，而这也表明，这种不认识的更深原因在于自然科学的方法恰恰不是思辨性的，只有思辨性的方法，才会去考察处在其理念中的殊异者。谢林之所以能如此断言，是因为他自己拥有一个自然的理念，也就是在整体中来观视殊异者的理念。只有如此，自然科学的片面性——这既是它的成因，也是它的所囿——才能被克服。自然哲学之所以不可或缺，这一点我们要感念时代，感念谢林。

无论如何，尽管谢林批驳了这些自然科学自身，并认为必须有一个自然的理念，但正如已经说过的，谢林不仅没有鄙视自然科学，反而对之评价甚高。维兰德在谢林的自然哲学中发现了一种要把自然科学设定在其正当性之内的纲领。[①] 这一纲领则以历史哲学的方式实行。自然科学分裂了在生命和经验中共生的东西，即分裂了具体的东西。所以源初的一已经分裂了，但也必须被重建到统一性中。在他的哲学学位论文第七章中，谢林已经阐发过了这一纲领。理性自身的展开就以离开源初统一性为出发点，在源初统一性中，只有理性最低级的能力，即想象力得到了展开。

---

① Wieland，Wolfgang，*Die Anfänge der Philosophie Schelling*，420—426 页.

而伴随着判断力的不断展开，源初统一性也就被它——正如"判断力"这个名称透露的——分剖和分裂了。这一点呈现为与罪和难关联在一起的文化上的更高展开。判断力越是被意识到，人们也就越发会看到要去理解判断力自身的必要性，而这只有通过提升到理性及其批判的层次才能做到。理性指明扬弃分裂的道路，这种扬弃不可能通过退回到源初境况中完成，而是由理性自身来重建统一性。

不管是对谢林还是对我们来说，倒退回前自然科学时代并否认其贡献都是不可能的。我们只有继续向前这一条路可走，确切地说，我们只有要意识到哲学何以要批判自然哲学这一条路可走。"人类只有对于自己是什么有所意识，接着才去会去学习，自己应如自己应该是的那样去存在。"① 首先要避免 种误解：谢林在这里并不是在说"存在"先于"应该"的有限性。谢林把人类之所是规定为自由：当人类把自己把握为自由的，人也就知道了他应该是什么。所以从这一点来看，要紧的并不是去废除自然科学和技术，甚至禁绝研究，而是展开对于这种认识活动之界限的意识。

---

① 《论自我》，AA I，2，77 及以下（SW I，157）。

这种意识不仅不会带来坏处，反倒至少有一项益处：起码保持对于科学的敬畏。按谢林的话说，我们首要的任务是去把握这一危机，随即我们才会不仅知道自己真正意愿的是什么，而且还会知道我们应该是什么。正如布劳恩说的，这一点始终都是"一项从谢林那里出发的要求"①。

自然——精神的他者

不管是根据维兰德的说法还是基于对自然科学自身定位的批判，我们所得出的结论就是，谢林把握为理性之展开的那个东西，并非一种纯粹的理论活动，它也是一种实践活动。正是凭着这一点，我们才获得了自然这个无条件者与其他无条件者的关系。

谢林让先验哲学和自然哲学彼此对立、区分，以此方式，这两门科学所讨论的也就是各自的无条件者，即自我与自然。我们要严肃对待两者的绝对性和自身地位。不过谢林在具体实行的时候，也产生了比如下面的这些难题。

---

① Braun，Hermann，*Ein Bedürfnis nach Schelling*，载于：*Philosophische Rundschau*，卷 37，1990 年，161—196 页，298—326 页，161 页。

在《方案导论》的第一章里，谢林就已经强调，哲学最根本的要务在于"把实在性之物完全回溯到观念性之物上"[1]，这是先验哲学的任务。哲学的这一任务也并不会使根本性的困难变得更大，毕竟困难总是在那里——这一点康德已经通过自己的行动指明了。谢林指派给自然哲学的任务则是"从实在性之物出发来说明观念性之物"[2]。不过即便谢林后来仍把这两种科学刻画为"唯一的、只不过是由其内在不同任务的对立方向而自行区分的科学"[3] 的两个方面，也还是暴露出了对一个循环结构的预设：精神说明自然，自然说明精神。可倘若是一个去说明另一个，那么被说明的东西也就不再能被理解为自立且无条件的了。

当思想停留在反思的层次，也就是只运用因果性范畴的时候，这里提到的难题就会出现。这样的思想层次无法摆脱循环。但如果想要思考处在一种彼此相互说明关系中的两个无条件者，那么必须离弃这个层次。谢林把因果性关系称为"机械的"；与之对立的是有机性关系，而这种关系是机械方式无法把握的。正

---

① 《自然哲学体系方案导论》，AA I, 8, 29（SW III, 271）。
② 同上书，AA I, 8, 30（SW III, 272）。
③ 同上书，AA I, 8, 30（SW III, 272 及以下）。

如谢林所阐发的，有机总体中的一个器官，比如身上的眼睛就拥有一种自立的生命。而这一点的前提诚然就是，眼睛被视为躯体这个宇宙中的小宇宙，而作为小宇宙，它表达着宇宙整体。正如前面已经暗示的，在这里，康德的"上帝"理念已经在发挥作用了。现在唯一要紧的是在这个理念下去思考康德在《纯粹理性批判》中放弃思考的东西。"上帝"是交互性范畴的结果，而交互性范畴也是选言判断的形式。而选言判断必定会贯通对某个主体而言一切可能的谓词，唯有如此，选言判断的实行才会是完备的。就此而言，康德把上帝理念规定为 *omnitudo realitatis*，也就是实在性的全体①；这一全体也可以被表达为"一切可能谓词之总体"这个理念。这些谓词首先划分在灵魂中存在的那些东西会遇到的，和在世界中存在的那些东西会遇到的。而从交互性出发所理解的上帝理念，在这种意义上也作为《实践理性批判》的悬设，具有把另外两个无条件者（灵魂和世界）中介调和起来的任务。

　　谢林也把上帝思考为中介活动，不过这种中介是依照有机体的模型进行的。因此，在谢林这里，上帝

━━━━━━━━━━

① KrV A 575 及以下，B 603 及以下。

就被设想为那个同时在自我和自然中表达着自己的东西。就此而言，自然而然可以把握到，在体系中彼此持立着两个无条件者，但它们同时都在表达着一个共同的源初无条件者。

但谢林进一步宣称，这个唯一的无条件者应当说明其他两个。由于谢林的体系思想毕竟有着康德的烙印，因而他把体系设想为有机体，所以谢林也就在"有机体"这个框架下找到了一个能解决他的难题的概念。这个难题可以从对于两个无条件者的依赖性出发来说明。而这个概念对此的贡献，就如谢林在《自由论》中阐发的①，就是"创生"（Zeugung）这个概念。一个生命体不可能在没有创生者的情况下存在，因而是依赖性的；可它一旦被创生了，或者说诞生了，那么它就要活出它本己自立的生命。借着"创生"这个概念（这个概念有可能是谢林从三一论中借来的，不过并没有直接在神学意义上使用它），谢林在《自由论》中说明了逻各斯从神之中的自然里的起源，即神之中的自然渴望创生出逻各斯。当我们把这个说明模式用在这里时，可以说，自然创生了精神并渴望它。

---

① 《自由论》，SW VII, 346。

"创生"和"渴望"这些词所说的东西，理当能抵挡住严格意义上的因果性。精神是无条件的并以自身为根据，但它也有一个条件，也就是渴望着它的自然。"渴望"在这里的意义就在于，必须坚持精神严格的独立性的前提下，道出自然在次序上对精神的有限性。因此，在我们的肉身中，是自然创造了精神的全部条件——"根据"这个词在谢林那里就在字面上被理解为"基础"——而精神则从自身出发来创造自己。自然也就是在这一点上说明了自我。自然与自我共属一体，它们是一，并且首先在人类中是一。肉体与精神或者说灵魂属于一个唯一的有机体系。

当谢林以"创生"和"渴望"这样的概念来讨论问题时，"精神诞生于自然"这样的说法就已经蕴含其中了。这两个被当作术语使用的词是非常形象、无须进一步去挤压出意思来的。比如在"创生"这个概念里就已经包含了"被创生的是相同者"这一点了。所以自然这个无条件者必定也会作为一个相同者被接纳到自我这个无条件者中，当然，自我会由于它本己的创造活动拥有意识，而自然并不拥有。自我中的无条件者是自由，或者按康德的说法，是"自律"，即理性在实践方面的自身立法。就此而言，自然这个无条件者无论如何都不是普遍意志——这是谢林对"绝对命令"的替换说法——的对立面。如果进一步考虑到，自我与自然所道出的不是其他，正是在这里被称为"神"的那种在先的统一性，那么我们就必定要把自我和自然设定为同一的。所以充分理解的自然不是其他，就是我们广义上的躯体。

首先让我们停留在我们的躯体这里——通常我们都把它跟我们的人格视为同一的。在感觉中我们认为躯体是真实的。早期谢林是从神话出发来认识并解释灵魂和躯体的统一性，他把灵魂和躯体的运动相并而谈："人类的快乐在于心脏继续搏动；人类庆幸自己的脏腑还在活动；哼鼻子的时候说明人在生气，若是欲求一个对象，则是因为他的心对之有倾向。"[1] 对于这种统一性，活在神话中的人会由于他更切近自然而更加亲熟，但这种统一性并没有保留下来。活在反思和判断中的人可以让自己超脱自己的感觉，把自己从种种感觉中分离开。所以这样的人才需要"义务"意识，即在与感觉，也就是躯体的分离中，在自身中拥有抽象法则之特质的意识。所以义务的实行是冷峻且几乎

---

[1] AA I, 1, 236.（SW I, 76.）

不近人情的。在著名的"好撒玛利亚人"这个典故里，撒玛利亚人则是以近人情的方式反其道而行之：对于撒玛利亚人，不可以说他牢记了自己的"义务"，而应该说他同情怜悯他人。在这里并不是要说应该去贬低义务意识；毋宁说是要去表明，我们自然性的一面，我们的感觉，肯定不会呈现为义务的对立面，而是与之一道属于"人性"。谁要是像"撒玛利亚人"这个典故中的旅者那样行事，谁就是在作为一个整全的人，以完完全全合乎人性的方式行事。

从这些思考出发可以看到，生态危机并非环境危机，而是我们自己的危机，因为自然中的我们并非我们自身的他者，或者更确切地说：我们就是在自然中才看到我们真正的自己。所以生态危机不仅是我们观看自身的危机，也更是我们行动的危机。比如莱茵哈德·舒尔茨就指出过这一点。[1] 把自然视为能以因果方式对待的物质，就意味着不仅环境，而且我们自身也与之一道从有机的总体关联中被撕扯了出来。这种对待自然的方式之所以会产生，无非是为了支配自然。然而我们的普遍意志既然与自然在最深的关系中同一，

① Schulz, Reinhard, *Schellings Naturphilosophie*, 166—174 页。

并且谢林把个体一直提升到普遍意志之上，也就是让前者支配后者的行为等同于恶，那么实际上，在这种被颠倒的意志中就蕴含着我们自身危机的根据，而这一如此深远的危机不仅存在于个体的意志中，也存在于我们人类所创造的种种结构中。

只要我们想去理解自然——理解自然意味着我们彻底地理解自身——谢林的自然之为无条件者这个理念就是一个必须去思考的理念。重要的并不是把一切还原到自然上，而是回忆起我们何以出自自然。柏拉图所谓的"回忆"就是说，从我们自己出发去把握我们已经遗忘的东西。而德语"回忆"（erinnern）说的也是类似意思：理解入内在核心之中，也就是说，理解入我们忘却的内核之中。当我们自己回忆到作为无条件和自立的自然之际，我们就获得了思想劳作的酬劳，这就是谢林许诺并期待我们去发现的。而谢林也把这一过程叫作"自由的隐匿之踪"①。

---

① 《自然哲学体系方案》，AA I，7，78（SW III，13）。

第七章　艺　术

18 到 19 世纪的思想交替，体现在谢林对于一个既是先验哲学又是自然哲学的体系构想中。尽管这两者彼此对立，但谢林并不把这一对立理解为存在两种哲学，而是认为，这是同一种哲学在以两种方式道出自己。从这种理解出发才可能构想一种更宏大的、使唯一的哲学能在其中道出的哲学。而谢林正是通过"艺术哲学"来呈现出这种哲学的。

艺术哲学之前属于美学，而美学最初是在 18 世纪中发展成了哲学的一个分支。美学之所以能通过对它的奠基首次成为独立的学科，则要归功于康德把审美判断力指明为一种自立的、既非理论也非实践的判断力。而在康德看来，审美判断力的首要对象就是自然。但这个观点很快就发生了变化。在《判断力批判》出版仅仅 5 年后，施莱格尔的系列论文《论希腊诗研究》也开始发表了，在这组文章里，施莱格尔借鉴康德，提出了一个"文学史"蓝本。也就是说在施莱格尔这里，艺术，也就是诗，成了审美反思的对象，确切地说，成了一种关联于历史性反思的对象。1798 年夏天，谢林在德累斯顿所谓的"浪漫主义者圈子"里拜会了施莱格尔，之后又在耶拿相会。不过对于施莱格尔的思想，谢林或许根本就没有关注过。在谢林兴奋地写信告诉父母，自己在德累斯顿这座艺术之城的旅行见闻时（这里有拉斐尔的《西斯廷圣母》，这幅画当时是吸引游客的地标）他对艺术的兴趣就已经开始萌发了。

谢林第一次详尽讨论艺术，确切来说是讨论艺术作品，是在《先验唯心论体系》的最后一章。在艺术作品那里，谢林区分了使艺术作品本身得以产生的两个要素：一方面是构型能力，比如诗，另一方面则是天才的创造力。第一个要素，即构型，是一种有意识的活动。比如一个音乐家在写一首赋格的时候，他就需要为此动用自己的认知和能力。这种能力是否丰沛是完全可以检验的。但对于伟大的艺术来说，还有一个更大的要素不可或缺，这个要素不能被当作"物"

固定下来，也无法以检验物的方式去检验。谢林把它称作古典意义上的"天才"。"天才"不能理解为有意识的活动；倘若如此，那它就是可教的了，这样一来就可以指望去批量产出它了。所以天才必不是可教的。这里提到的这两种可区分的要素只有在哲学反思中才可区分，在艺术生产活动和艺术作品中，两者则构成了一种不可分的统一体。

艺术家的有意识的活动，也和一切有意识的活动一样，在其中有某种确定的东西被认识或者意愿。意识的作用是限制和规定。所以艺术家的有意识活动所充当的角色，恰恰是自然哲学中无条件的生产活动所充当的。可以看到，与自然的这种无条件生产活动相对应的，正是艺术哲学中的"天才"。对这种平行关系，谢林在他1807年著名的慕尼黑演讲《论造型艺术与自然的关系》中作了专题讨论。因此，既然艺术哲学能够来刻画一种无条件者，即天才，那么它也就能作为自立的哲学得到实行。

在更深一步讨论以前，需要先介绍一下谢林的"艺术哲学"讲座，这个讲座在1802年至1803年的冬季学期在耶拿举行过一次，1804和1805年在维尔茨堡又举行过一次。谢林之子已经把讲座文稿编纂出版在《谢林全集》中。也就是说，这个讲座稿是在谢林去世后才公开出版。但实际上谢林 1807 年的时候已经宣讲过他"艺术哲学"的要旨。

在这个讲座中，谢林首先对不同的艺术给出了一种划分；他略过了那种在其中有许多其他要素协同作用的艺术，比如歌剧，因为它同时需要语言、音调、声乐和器乐的协同运作。谢林对不同艺术的分类是根据观念性之物和实在性之物的概念，也就是说，在观念性艺术中，在媒介中所呈现的是最切近精神的东西，比如在语言中就是如此，在实在性艺术中，呈现的则是物质性的东西。所以根据古典的诗歌类型，观念性艺术分为抒情诗、史诗和戏剧，而实在性艺术则根据在其中显示出来的维度，分为音乐、绘画和雕塑。音乐在时间这个单一维度中展开自己，绘画是在平面的二维空间中，雕塑则是在三维空间中。谢林认为，一切有三个维度的艺术都属于造型艺术，甚至也包括建筑。而音乐之所以属于实在性艺术，是因为谢林把纯粹的音乐视为器乐，在其中响动的是质料，比如笛子的木料、小号的铜片，等等，因此这种艺术就是在实在性之物中呈现质料。在这种划分中，实际上可以看到运作着一种进行规范的体系性分类。

艺术的生产

正如之前已经暗示的，谢林思想的基本结构在对艺术的反思中是始终一贯的。在我们现在引用的谢林的话里，他把艺术的结构与自然的结构相对比。对于自然，谢林把它理解为产物的无限制的量；每一个产物都是一个被产出的东西。通过一个他者而对某一产物进行产出的活动，被呈现出来的不仅有日常知性，还有科学的知性。但只有哲学的知性才能去设想产物在量上无限制的产出；谢林用以描述这种知性的概念叫作"无条件的生产活动"。这种生产活动不能被理解为客体，只有产物才能被理解为客体。生产活动只能被思想，确切地说，是被思想为多样的产物的可能性条件。为了把这种生产活动设想为无限产物的可能性，这种活动就不能被设想为纯粹的统一性，而是要像谢林明确说的那样，把它设想为自己对自己的阻碍。换句话说，无条件的生产活动自己限定自身，进而通过这种自身限定产出了有限的产物。

在其讨论中，谢林——以精湛的修辞技艺——的出发点是他那个时候为公众熟知的一个说法，即造型艺术是对自然的模仿。谢林采纳了这个流行的说法，并且根据自然哲学区分了作为产物的自然和作为生产活动的自然。除了在现象中凸显为产物，自然不可能以其他方式得到呈现。在1798年的《论世界灵魂》一书中，谢林就已经提到了"自然的最初力量"——后来这种力量又成为无条件的生产活动——"把自己隐藏在个别现象（产物）之后，而这种力量就启示在这种种产物中"。[①] 它之所以隐藏自己，是因为它根本不可能作为产物凸显在现象中，而它之所以能得到启示，是因为它只能在产物中显现自己。这一区分使谢林可以把自然各种方式的呈现——这些不同的呈现把自然的产物纯粹呈现为产物——从艺术中推导出来。比如我们可以用今天的例子说，一张通缉犯的照片并不是肖像。在谢林看来，一件艺术品当然只能呈现某种被限制的、有条件的东西，只能呈现某个产物，但在这一产物中，艺术品也能呈现隐藏在其中、但同时启示着自己的生产活动。艺术家在多大程度上能做到这样的呈现，他的作品就在多大程度上是艺术品。所以可以说，只要存在一种呈现活动，只要它被酝酿了，那

---

① 《论世界灵魂》，AA I, 6, 78（SW II, 382）。

么就像谢林所想的，这种呈现就必然不是某种对象性的艺术。

无条件的生存活动不可能直接得到启示。甚至艺术家——我们所有人也一样——所看到的也只是产物。艺术家并不像哲学家那样去思考无条件的生产活动；否则，如果一个艺术家也能哲学地思考，那他就是个哲学家而非艺术家了。所以艺术家既不可能在自身之外经验这种无条件生产活动，也不可能在意识中思考它。除了我们所有人都有的觉知能力和官能，谢林根本就不认为艺术家有什么其他的更多的觉知能力和官能。但艺术家之所以是艺术家，在于他能够在自己身上觉知到无条件的生产活动，也就是始终能保持为天才。因此，天才也就被理解为这种生产力。艺术与自然的平行结构表明，这种力量无法作为自身得到经验。尽管它以"天才"这个名字被称呼，但它也恰恰因此始终是不可把握、因而也总是搅扰不安的要素，它总是在渴望成为产物，然而它没有能力产生出它自身。这种能力需要其产物，而为之赋予形态的力量，谢林称作"诗力"，在这种意义上，谢林把"诗"这个词跟它的古希腊词源"制作"联系在了一起。从这一点出发就能明白，之前从自然那里所呈现出的结构何以能在艺术中复现。当无条件的生产活动规定并限制自己，并且这种自身—规定是艺术家有意识的活动之际，无条件的生产活动就能够进行生产了。不过，在这里讨论的并不是两个过程，而是同一个活动的两个面向，这两个面向只能在观念上区分，而不能实际地分离。

还需要指明的一点是，被谢林称作"天才"的那种力量，尽管是在个别人身上凸显为一种特别的力量，但绝不可以认为，这种力量独属于少数艺术家。它是人人都有的力量；倘若艺术作品的观者和听者，没有被作为这件艺术作品之本原的同样天才力量的感召，那艺术作品该如何作为艺术作品得到理解呢？谢林绝不是要搞一种平庸的天才崇拜。相反，他要做的实际上是去关注一种必须在每个人身上预设的创造性要素。

历史与艺术

弗里德里希·施莱格尔已经以历史性的方式去理解了诗这种艺术形式。谢林则把这种历史性的考察推广到了一切艺术形式上。只有当以某种方式为各个时代划定了结构，并在历史进程中设定了标志性事件，才可能讨论"历史"。对谢林来说，历史中最具决定性的事件是基督教。在他看来，伴随着基督教，一种根本性的意识变化登台了。需要注意，在谢林这里，历史不能被看作诸多事件的序列。相反，在谢林看来，历史尤其只是意识的历史。

决定性的事件在于，在基督教中，自由这个理念本身首次得到了全面表达，进而凭着这一点，本真意义上的历史才首次发生。这一事件把历史分为了古代和现代，而在其中，现代历史则伴随着基督教的突入——这发生在古代晚期——开启。谢林通过那个被意识设想为其最高者的东西——也就是神性者——来刻画由基督教所奠定的意识变化。对于诸神世界的种种古代表象产生出古代神话，而基督教的观点也产生出了它自己对神的表象。谢林是通过下面这条断言把两者区分开：在古典神话中，宇宙被直观为自然，在基督教中则被直观为道德世界。谢林说："自然的特质是无限者与有限者不可分的统一体：有限者是支配性的，但绝对者的种子也蕴藏在作为普遍荚壳的有限者中，而绝对者就是无限者和有限者的彻底统一体。道德世界秩序的特质——也就是自由——原本就是凭着扬弃对立的绝对要求，把有限者与无限者对立起来。"①

如果想简要理解谢林的这个想法，那就要想到，自然并不认识仅对自由而言存在的差异，换句话说，自然并不认识作为自由之特质的意愿，也就是"应当"与"存在"之间的差异。显而易见，自然在展开着自己，但它并不为某个要求而展开自己。只有在意志存在的地方，才可能谈得上有一种"要求"。如果把要求设想为道德的、强制性的要求，比如康德在"绝对命令"里所设想的那种要求，那么这种要求就是克服差异。而当有限意志变得"有罪"之际，这种差异就会变得更大。所以对于差异的克服并非去满足要求，而是"和解"。这种和解不可能由有限者引发，它需要无限者的行动。正如谢林说的，"与从上帝那里堕落而出的有限者和解，是基督教首要的构想，也是对它整个宇宙目的的完成"②。

古人尽管有"罪"这样的观念，但并没有"和解"的观念。在谢林看来，古代诸神表象的典范是希腊神话。希腊神话并没有认识到无限者和有限者之间的差

---

① 《艺术哲学》，SW V，430。（〔译注〕可参考先刚的中译本，北京大学出版社，2021年。）
② 《学术研究方法论》，SW V，294。（〔译注〕可参考先刚的中译本，北京大学出版社，2019年。）

异，所以无限者不会被设定在有限者之外，反倒是在有限之中得到自己的实在性。对自然来说也是如此。一朵花、一块石头都在表现着整个宇宙，因为在自然的产物中整个自然都在显现。我们据以把握石头的法则，与我们据以把握整个宇宙的是同一个法则。但自由的世界情形不同。如果所有人的实践法则所要求的都是相同的东西，那"实践"这回事情根本就不会发生，甚至压根就不存在。通过实践法则，我们把握到的是"应当之事"，我们根本就没有指望通过它去把握现实发生之事。

自然的世界是一个唯一的世界，自由的世界恰恰是一个被撕裂的世界。在希腊神话中，诸神是世界的一部分，因此，这种神话的内容就是始终保持为一的自然。基督教则让神摆脱了自然，也让自然摆脱了神；神与人并非在超自然的意义上合一，而是通过自由的事件合一；所以人与神有着一段彼此交织的历史。基督教把人理解为自由行动者，而非自然的环节。"现代世界开启的同时，人也就从自然中脱落了。"① 自由之思改变了意识，进而也是历史的事件，甚至只有"自

---

① 《艺术哲学》，SW V，427。

— 137 —

由"才在真正意义上让历史得以可能。

艺术的更替伴随着时代的更替，确切地说，伴随着时代更替，艺术的一切门类都在更替。艺术的内容也随之不断在成为别样的东西。古典艺术所呈现的是在自身中合一、进而在本质上不会改变的东西。但在现代艺术，也就是基督教艺术中情况不同。哪里有自由得到表达，哪里就有变化。所以艺术不需要以在时代中发生的变化为主题，必须以历史为自己的内容。谢林把这种关系简单表述为："在古典艺术中表达的是'存在'，在现代艺术中则是'生成'。"① 所以，古典与现代艺术的对立，作为自然与自由的对立可以这样来表达："前一种艺术的法则是在自身中的不可变性，后一种的则是交替中的前进。"②

读了这些表述，我们或许会很容易产生这样的想法：谢林这里只是在抽象地以简明的方式说些漂亮话，事情本身——即这里要讨论的艺术——恰恰会因此错失。比如古希腊就存在戏剧，而正如"戏剧"这个名称所定义的，它是一桩行动，可即便如此，若没有自由，戏剧也仍然不可设想。所以是希腊人发明了戏剧

① 《艺术哲学》，SW V，454。
② 同上书，456。

— 138 —

并且让它最为兴旺。对此谢林当然是知道的。他表明了古典与现代戏剧的区分在于如何讨论"罪"上，而讨论"罪"的戏剧则本质上属于悲剧。谢林把莎士比亚引为现代悲剧的代表。不管是古典还是现代悲剧，英雄始终都是有罪的。在古典时期，这种罪被遮掩起来，被理解为命运。但在基督教中不这样认为，在基督教里，罪源于自由的行动。在谢林看来，"莎士比亚不得不把罪行的必然性置于人物性格中"[①]，因为在基督教的前提下，不可能认为是神使人有罪的。相反，在古典悲剧中认为是由于命运而产生罪，因此就被视为"是无罪之罪，是对自由意志的惩罚……唯有通过这一点，自由才被彰显与必然具有最高的同一性"[②]。恰恰基于这种同一性，意识就自我撕裂了，所以它随即需要由基督教来规定。古典悲剧是一种命运和必然性的悲剧，而现代悲剧则是自由的悲剧。

正如在谈到意识的撕裂时所表明的，谢林把自然设想为自由的前提。所以当他把古典与现代艺术的区分理解为自然与自由的区分之际，也就把古典艺术理解为了现代艺术的前提。这一点也可以说明艺术哲学

---

① 《艺术哲学》，SW V，721。
② 同上书，699。

中谢林用来讨论音乐理论的一段几不可解的话。谢林把节奏——这一点一以贯之——规定为本质性的东西。节奏构造着散布在不同音调中的统一性；时间的次第相继因此也就有了意义，"通过节奏，整体也就不再受时间支配，相反，时间在自身中拥有了整体"。[①] 这种音乐在古典时期就已经具有的规定，仍保留到了现代。不过在现代，起支配作用的是另一个要素，即和声。这一要素的意义源于音乐的多声部谐响。这种音乐"或许……预先呈现了更高的观念统一性，……复多体在这种音乐中呈现为统一体"[②]。也就是说，在每一个要素都处在不扰乱整体，而是包含整体的境况中时，统一体就能多样地存在。如果把这种想法表达为实践性的，那么所谓的"绝对命令"，即自由的基本法则也就得到了表达。现代音乐因此就是对自由的呈现，它表明了复多的音调如何在无损于各自自立性的情况下，彼此构成一个更高的统一体。所以在各种文献中常常能碰到的误解，即认为谢林把音乐还原为节奏，其实是忽视了他本人的一个提醒："在体系中，每一个概念都有自己特定的位置，这个位置也只单单对这个概念

---

① 《艺术哲学》，SW V，493。
② 同上书，500。

有效，这个位置规定着这个概念的意义，也规定着它的界限。没有深入内核，只是从概念的关联中拎出最普遍概念的人，怎么可能对整体有恰当的判断呢?"①

　　谢林的艺术哲学不仅勾勒出了一个划分各种艺术的本原，也构想出了一个能够历史性地去理解艺术的本原。只有从这个基础出发——这也是艺术哲学最重要的成果——在艺术中以合乎艺术本己特质、不会把艺术再行还原的方式来看待无条件者之呈现的可能性才得以开启。19世纪的种种艺术事实——建造宏大的博物馆，艺术对宗教的逐渐替代，艺术能够宣称自己的独立性，并要求自己作为权利的自由等等——无不与谢林的贡献有关。

---

① 《自由论》，SW VII, 411。

第八章 本原与历史

自由与永恒

　　谢林在他的"艺术哲学"中的基本设想是，如果没有历史概念就不可能讨论艺术。历史这个概念与自然对立。如果自然是由必然性所刻画的，那么历史则由自由刻画。因此，对历史的反思也必须走出自己，走向对自由概念的说明。这是谢林在《自由论》中着重讨论的论题。

　　现在我们以另一种方式来讨论自由概念。在康德哲学的前提下，"存在"只能在实践理性领域，即意志领域才能得到言说。在这一点上，谢林依循康德，并说了一句名言："意愿就是源初存在。"① 谢林与康德

---

① 《自由论》，SW VII, 350。

学说相接续的地方在于，"某个具有自由意志的存在物的概念，就是本体原因的概念"①。意志因此也就超脱于时间。在《宗教哲学文集》第一部分的《论根本恶》一文中，与这一点相对应的就是下面这个断言：对自由之运用的主体性根据"首先发生在落入感官的活动之前"②。所以谢林可以说："意愿就是源初存在，源初存在的一切谓词也都适用于意愿：'无根据''永恒''独立于时间''自身肯定'。"③

康德与谢林的这一共同断言，即意志运作在时间的彼岸这一点，乍看起来会引发许多困难。首要的困难在于，如果个体自由被设想为无时间的，那我们也得这样来设想我们具有的那种做出决断、然后实行、进而始终能被我们意识到的自由。也就是说，我们以此设想的是一个在时间中的过程。

不过康德并没有这么想，谢林也没有，情况根本就不是这样。倘若决断、实行和意识真的发生在时间中，那我们为了能是自由的，必定要在每一刻不断做出决断，或者说，我们就会完全由决断来决定。不可

---

① KpV 97.
② 《纯然理性限度内的宗教》（1793），载：《康德全集》，卷 VI，柏林，1807 年，第 21 页。
③ 《自由论》，SW VII, 350。

否认，决断都有其覆水难收的后果。但这不是关键。人类的行动总是超出时间——不论长短。比如要去进行研究的意志会贯穿在整个研究活动的始终。对意志来说，并不存在一个我们可以实行的开端决断，否则我们就会由我们自身决定。我们并不是每天都要重新决定去进行研究；无论如何，我们都会在自己的行动中把自己理解为自由的；我们自由的、无须始终去沉思的意志会贯穿研究活动始终。

当然，对眼下这些文字的阅读需要时间。但阅读这个行为本身并不是在每一分钟里都把自己实现为一个新的活动，而是贯穿在时间中，进而也贯穿在每一分钟里。我们设想为一个文本之基础的自由意志，贯穿着时间，承载着写作和阅读活动。这一意志在时间的彼岸，决定着时间而不是相反。谁把自己理解为自由的，谁就会把自己理解为一个贯穿时间之上的行动者。时间中的行止都是在事件之外得到支撑和奠基的。所以，把自己自由地理解的人脱于因果体系之外——因果体系是自然必然性的体系——因而也脱于时间之外。所以康德和谢林对于贯穿承载整个生命的意志所做的思考类似。

康德的想法会更直接；我们的自由是唯一的非时

间性行动。柏拉图就在《理想国》的结尾以神话比喻说出了这种情况，他说，灵魂在进入此生之前要选择自己的命运①。根本上来说，这种命运会包含着一种深刻的翻转。康德认为这种翻转是由恶翻转为善。康德着眼于无时间的行动来讨论在现象中呈现为重构形式的"革命"，也就是说，康德把"革命"认作对生命实践的逐渐完善。康德思想的优势也在这里。他并不把个体理解为事件的一个凝结核，甚至也不理解为无疑必然的先验统觉，而是理解为伦理人格。伦理人格则在无时间的行动中有其统一性，而无时间性的行动并不能如其所是地凸显在现象中，它才是真正的物自身。从另一方面来看，这个物自身也不能没有现象，因为它是自由人格。它只有在其现象中才实现自己，但并没有完全陷入其现象中。

这一点上，谢林始终与康德保持一致。在把"存在"和"意愿"等同之后，谢林紧接着说："我们时代的哲学是通过唯心主义（康德的）才被提升到这样一个点上：也只有在这里，我们才能在真正意义上对我们的对象进行探究。"② 这首先是一个很高的评价，不

① 柏拉图，《理想国》，614b—621b。
② 《自由论》，SW VII, 350 及以下。

— 148 —

过谢林还是坚持认为，我们"要把形式自由的第一个完满概念归功于它"的唯心论，"在自由学说中仍然是手足无措的"①。在下文里谢林进一步说："始终都值得注意的是，在首先把物自身和现象以仅仅否定的方式，即通过'不依赖于时间'这个特点进行区分之后，康德又在《实践理性批判》的形而上学讨论中其实把'不依赖于时间'和'自由'当作相关联的概念来讨论，但康德还没有进展到，去想到自在体（das An-sich）是能运用到事物上唯一可能的肯定性概念，倘若康德这样做了，他就会由此把自己直接提升到比否定性更高的考察观点上，但否定性始终都是康德理论哲学的基本特质。"② 如果康德觉得谢林的批判是多余的，那人类自由可能就无法与其他物自身相区分了。所以谢林要突出人类自由，并且以如下方式与形式自由相对立地规定它："但实在的、活生生的自由概念是善与恶的能力。"③

　　既然谢林从自由出发理解自然，或者说正如他自己说的，把自然理解为"自由的隐匿之迹"④，那么他

---

① 《自由论》，SW VII, 351。
② 同上书。
③ 同上书，SW VII, 352。
④ 《自然哲学体系方案》，AA I, 7, 78（SW III, 13）。

必定就会把理性存在物的自由与自由的踪迹区分开。自律——"自然就是它自己法则的给予者"——和自足——"自然满足于自身"①——在谢林看来都是自然就已经具有的特性。但仅凭自律和自足，自然还无法与实践理性区分开。所以人类自由与作为自由之迹的自然相对立的特质在于，只要它一旦主动实行自己，就一定能致善或致恶——这也正是安娜玛丽·皮佩尔（Annemarie Pieper）的看法。②

既然谢林把人类的自由把握为既能致善也能致恶的自由，那么他也就原封不动地把自由与实践理性及其法则——这一法则在谢林那里叫作"普遍意志"——等同起来。一方面，谢林把私己意志也同样把握为意志，因此普遍意志和私己意志必须显示出它们两者的统一性和区分。另一方面，如果一种意志要奠定现实性，那它除了被设想为纯粹的理性本原外，不可能另作他想。理性本原就是思想，它们解释着思想，但这仍然没有解释，现实何以为现实。所以对现

---

① 《自然哲学体系方案》，AA I, 7, 81. (SW III, 17.)。

② Pieper, Annemarie, *Zum Problem der Herkunft des Bösen I：Die Wurzel des Bösen im Selbst*（364—382），载：*F. W. J Schelling，über das Wesen der menschlichen Freiheit*，Otfried Höffe，Annemarie Pieper 编，柏林，1995 年，91—110 页。

实的奠基活动谢林是在"生命"这个名目下讨论的。

谢林进一步提出了康德并没有明确提出的问题。作为康德哲学的"分析者"，谢林本可以把问题直接回溯到实践理性的自律这一点上；毕竟指明这一点也是他自己哲思的目标。但问题在于必须想到，理性固然以自律的方式给予了自己法则，而这个行为自身并没有一种更高的必然性，倘若它有，那么这种必然性又该如何被理解为与自由同一呢？所以作为体系建构者，谢林必须提出关于必然与自由之关联的问题。在这个问题里，不难看出关于理论与实践理性一致性的问题。

自由之为生命

一个体系建构者必须把一切作为一来把握，或者说，出于一来把握一切；如果在体系之外仍有某些东西残留，那就没有达到体系的要求。而一切从中得到把握的那个东西，谢林以传统的方式称之为"神"。既然他是从被称为"神"的"一"出发来把握一切，那么其哲学就是泛神论，而诚如他自己强调的，这是一种自由的泛神论；既然"'内在于神'和'自由'并不相互矛盾，并且由于自由者之所以自由，是因为恰恰在神之中；而不自由者之所以不自由，则必然是因为在神之外"①。

谢林对神的讨论有些难以把握，因为他的讨论跟关于神的日常表象根本就不一样。如果想把握谢林对神的讨论，就必须撇开这些表象，并且要努力去思考谢林要思考的东西。需要注意，谢林并没有把那个一切出于其中得到把握的东西设想为一个本原。谢林思考的并非本原，而是生命，"生命"这个词在这里刻画的是一个现实过程。谢林把活生生的有生命的神，把握为使人类自由——致善和致恶的自由——得以可能的东西。

正如科林斯说的，谢林的方法是先验哲学的方法。②"谢林的问题是私己意志和普遍意志的条件与差异，要回答这一问题，必须认为私己意志能够基于自身而实行。"所以这个问题就是致善与致恶的自由之可能性的问题。

在科林斯看来，谢林是通过他称作神之中的"根据"与"实存"——也可以叫作"自然"与"逻各

---

① 《自由论》，SW VII, 347。
② 此处及后文出自：Krings Hermann, *Von der Freiheit Gottes*（394－403），载：*F. W. J Schelling*，*über das Wesen der menschlichen Freiheit*，Otfried Höffe，Annemarie Pieper 编，柏林，1995 年，173—187 页，178 页。

斯"——的两个本原来思想这一可能性。但决定性的地方在于，这两个本原并不是为了建构一个本原体系，而是为了能思想一种生命。因为在这里，通过神之中的"根据"或"自然"所刻画的东西，不能想当然地认为是与思想对立的，也不能认为是在诸如"混沌"或"疯狂"这样的名目下出现的东西。在"根据"这个名目下被设想的，不过是没有任何理性的意志。自然与逻各斯这两个本原的纽带在人类之中可以被撕裂，所以人类可以意愿恶。在神之中，两者的分裂自永恒以来就已被克服了。这一克服需要被设想为行为，不能被设想存在论意义上的本原构造。

谢林把最高的体系位置，也就是神，设想为以自身造就自身的行动和自由。谢林是以这种方式来理解神的"自因"，这种"自因"不能像斯宾诺莎那样被理解为内在的、不由任何外物规定的必然性。"自因"是神的行动，这一点在《自由论》只是简要一谈，在《世界时代》里才有详尽阐发。我们的反思是时间性的，但所想到的行动自身并不是，它是非时间性的。但行动的非时间性并不触及行动的特质；在康德那里，本真意义上的行动，即意志的规定，就已经被设想为非时间性的了。

源初行动是谢林体系思想中的最高点。不过要注意，谢林从来没有把体系理解为一个"构架"。在《自由论》中就有这样的话："在神性理智中有一个体系，但神自身并非体系，而是生命。"① 而这一点的基础则是康德的生命—有机体概念，根据这一概念，部分是为整体之故，整体是为部分之故而在。而在谢林这里——这也是谢林哲学的一个主题——"创造"对神而言也不可或缺。在一个自由的体系中，这种"不可或缺"一方面只能被理解为一种自由的"不可或缺"，另一方面必须被认为是在一种源初的自由行动中被奠定的。

谢林通过下面这个结构来实行这个想法，这个结构他是在"大全通观"中展开的，具体来说，神之中的自然被设想为潜意识的意志，它意愿自己，由此成为存在的根据。这个意愿自身的自然把自己锁闭在自己之中，它是恒常的自身关联，通过它才可以说"根本上有某物存在"；它所具有的这种唯一关联，即恒常的与自身关联，使它总是在做围绕自身的圆周运动，谢林将之称为"混沌"。而赋予秩序的逻各斯则要与之

---

① 《自由论》，SW VII, 399。

对立地进行设想，逻各斯并不阻碍自然做出的这种锁闭，相反，逻各斯一方面要允许自然作为根据（在"根基"的意义上），另一方面则意愿一个与自然明确对立的东西，也就是开启。在爱的统一性中，开启克服了锁闭。这两个环节都包含在爱的统一性中（不仅在神性生命中有爱，在人类生命中也有）：困守自身（这是我们今天的说法，谢林的说法是"锁闭"）和开启。谢林以仿佛是悖谬的方式在描述爱的统一性："爱的奥秘就是，它把两个各自本可以独立自为存在、但并没有如此存在，并且若无一方另一方就不能存在的东西联结在了一起。"①

源初行动并非纯然的困守自身，而是在困守中与开启合一，换句话说，源初的行动就是启示或者创世。关于这一点，谢林说："创世不是既定的东西，而是一个行动。从不存在任何基于普遍法则而来的成就，不如说，神，即神的人格才是普遍法则，而一切发生的东西唯凭神的人格性才会发生，而不是根据一种抽象的必然性，连我们都在行动中无法忍受抽象必然性，何况神呢？"② 可以看到，谢林思想与通常的对神的表

① 《自由论》，SW VII, 408。
② 同上书，SW VII, 396。

155

象相去有多远！这一行动既非任意，也非必然，毋宁说，正是这一行动才使得像"任意"和"必然"这样的衍生概念本身得以可能。在本质上发生且存在的东西，只可能被称为"行动"，也可以把它叫作"事件"或者"历史"。这一点不仅对神而言有效，而且适用于一切。福尔曼斯把谢林哲学的这个显著特质总结为："现在历史这个维度成了一切的规定者。"①

在迄今的反思中，历史都被把握为行动，但还没有被把握为我们人类生命的那种尚需得到叙述的事件。根据已经阐发过的内容，我们生命中本质性的事件仅仅在于，源初的行动以别样的方式把源初自由带入了现象。所以历史只有在源初自由原原本本地凸显于现象时才有其终点。而在谢林看来，这发生在耶稣基督这个人身上。唯有就历史属于源初自由的显现而言，历史才会是启示的历史。

因此，只有在第二个层次上，历史才能被理解为国家的历史。国家维系着法。但是以康德主义的立场看，法总是强制的法。法把每一个市民——不管是有

① Fuhrmans，Horst：*Schellings Philosophie der Weltalter. Schellings Philosophie in den Jahren 1806—1821. Zum Problem des Schellingschen Theismus*，杜塞尔多夫，1954 年，第 301 页。

善良意志的还是没有的——都置于刑罚的威胁下。所以国家只在事实条件下存在，而国家中的公民也当然并不遵从道德律令，相反，每个公民都倾向于逆律而行，因此国家只能保证外在的自由。这种保证对生命来说是必要的，也值得高度评价，但并非生命应有的更源初自由。谢林对国家有着清醒考察；所以无论如何，他不会让那些想从他那里指望一点什么离经叛道的内容的人得偿所愿。

最后我们来讨论一下"学习"这件事。学习显然要受恰当的规范。这种规范可能是更优的，也可能是更坏的。假如我们要认为自己的规范是好的，那它肯定首先就不是"理想的"。从学习中可以得到什么，有赖于学习者和教者在多大程度上彼此趋近，彼此敞开，彼此在各自的角色中为彼而在，按谢林的说法就是：在多大程度上自行开启。法则和规范只能要求外在行为，要求不了好的思索，但好的思索才是成败——不仅仅是学习——的关键。

我已经尝试表明，谢林哲学如何从康德哲学出发，确切地说，如何把康德的断言——实存只能在它实践地被设定之际才被直接意识到——纳入"意愿就是源初存在"这个表达中。就这个断言来看，谢林比康德想得更深，从而使自由能成为哲学的开端与终点，自由现在不再作为本原，而是作为行动和事件。自由就是事件或者说历史，就是实实在在的产出活动。唯有自由才产生出了它由以能得到设想的那些本原。

第九章 晚期神话哲学

在谢林还在图宾根当学生时，他的关注点是前面已经讨论过的先验哲学问题，不过虽然在他的著作中并没有一席之地，但他也并没有忘记曾经作为自己第一部学术论文主题的神话。对神话第一次的主题式的重现是谢林于1800年代初在耶拿、之后又在维尔茨堡开设的"艺术哲学"讲座里。在这个讲座里，神话仍仅仅被把握为诸神的历史。因为在历史中，谢林看到了一个明确的、由基督教而兴起的事件，所以谢林把这一事件也用在对艺术的理解上。在谢林看来，基督教使一种全新的自由意识——这种意识第一次对自由有了充分把握——得到了明确表达和宣告，所以他把古代——也就是被他理解为世界的前基督时代——刻画为自由的对立概念，也就是由自然支配的概念。诸神的历史因为讲述的是复多的神，所以属于古代并且仅仅属于古代。在谢林看来，艺术是对人类能够设想的至高者的形象化呈现。因此，古典艺术的本质性对象就是诸神世界。

形象化呈现并非某物能在其中得到意识的唯一方法，另一种方法是纯粹的思想，即哲学。所以诸神对应的就是人类能够设想的至高者。谢林把这一至高者称为理念。他把理念理解为处在其最初规定中的绝对者，而绝对者的最初规定就是"要让它成为一个可被把握的东西"。因此理念与神话中的诸神相对应，诸神所呈现的，总是神性本身的某个特定面向。

因此，就谢林的"艺术哲学"讲座来看，作为诸神历史的神话属于因基督教而终结的古代。因此，神话就是先前历史的一个现象，进而也是意识呈现诸神的一种真切方式。对把诸神呈现为诸神的意识来说，诸神就是实实在在的。

诸神的实在性

从这一点出发就可以理解，为何谢林会走向他晚期的神话哲学（神话哲学是谢林在慕尼黑和柏林讲授的）。早在 1800 年代初，谢林就认为意识的展开会表现为历史性的现象。他始终坚持认为，对神话时代的人的意识来说，诸神总是实在的。也有一些观点认为，神话是诗人，或者那些生活在人们的理性还不足以进行精确表达的时代的哲学家的发明，面对这些观点，谢林反问道："（倘若如此），那古代族群怎么可能不仅信奉在我们当今看来彻底荒谬和反理性的宗教观点，甚至还要为之进行最严肃的、令人痛苦的献祭呢?"[①]答案是："因为神话不是一种人为捏造的东西，而是一种自然而然的东西，甚至……必然会产生的东西。"谢林随即进一步反驳那些认为神话中隐藏着以诗的方式包装的真理的观点，他说，之所以会出现这种观点，不过是因为"这么说的人没能在神话中区分内容和形式，素材和包装"。

如果神话真的像这些人想得这样僵硬、仿佛是一种"幻想"，那神话根本就不会存在献祭。进行献祭的人，必定会把他为之进行献祭的那个神视为真实的，进而才会认为献祭对神确实有影响。所以对神话意识来说，诸神就是真真切切的。从一种尚不能进行理性讨论的意识出发来说明神话——谢林早先还是支持这

---

① 此处及下文引自《神话哲学》，SW XI, 195。（［译按］此书有先刚的中译本，北京大学出版社，2022 年。）

种说明的——在谢林现在看来是不充分的，确切说之所以如此，是因为这种方式说明不了这种意识具有的与诸神的实在关系。谢林较之他早先的说明迈出的决定性一步在于，神话不再被理解为纯然的表象，而是承认它具有实在性。

而这种实在性首先在于，被信奉的诸神是被当作实在性的本质信奉的，也就是说，意识把诸神设定为实在的。但从谢林早年所采纳的说明出发无法洞见到，一整个族群如何会把他们的诸神认作实在的。某一个诗人或者哲学家不可能让一整个族群都去信奉诸神的实在性。他们可以吟诵或者讨论它，但前提恰恰是这种实在性已经得到信奉了。

多神论

这种诸神信仰的内容仍需更细致的考察。哪里有"诸神"被谈及，多神论就在哪里具有支配地位。谢林区分了两种形式的多神论。要注意到"所出现的多神论之间有一个巨大的区别，即一类多神论尽管认为有数量可大可小的神，但这些神臣服于一个作为他们主宰和最高者的同一个神，而另一类则是承认有复多的神，但在某一个特定时期，最高和进行主宰的只有他们中的一个，所以这些神只能彼此轮流坐庄"。① 谢林把前一种多神论称为相对的多神论，后一种则称为真正意义上的多神论，他也把它称作"次第演替"② 的多神论。在第一种多神论中，"尽管存在神的复多体，但并不存在复多的神。只有在复多至高的、进而彼此平等的神轮流坐庄，并且这些复多的神不能再彼此消解在一个更高统一体中的时候，（真正意义上的）多神论才会产生"。谢林引用了希腊神话中乌拉诺斯、克洛诺斯和宙斯为例。"这三个神……不可能是同时的，相反，他们只可能相互排斥，进而只能在时间中轮流坐庄。"③

因此真正意义上的多神论是神谱，即诸神的产生与次序的历史。谢林在神话中指明了这一次序。从这一点来看，在意识中首先有一个神被设定，"然后这个神被另一个神取代，后者并没有彻底扬弃前者……但至少把前者从现在驱逐到了过去，新神并没有颠覆神性本身，而是颠覆了前者排他的神性"④。

---

① 《神话哲学》，SW XI, 120。
② 此处及下文出自：《神话哲学》，SW XI, 121。
③ 《神话哲学》，SW XI, 120。
④ 此处及下文出自：《神话哲学》，SW XI, 125。

在这处文段里，谢林还重点说明："正因为这样……纯粹的事实才被道出；这个事实并非推论而得的，而是呈现在次第相继的多神论中，……作为事实得到宣称的是，正如它自己表明的，神话只要存在，就向来以这种方式……通过一个在意识中现实发生的序列而产生的。"对这个现实的意识，谢林又强调说："只有假定，人类意识曾经前后相继地在多神论的一切环节中现实地逗留过，次第演替的多神论才可能得到说明。"只有在意识中——即便在源初时间之前——有一个当下之神的存在，过去之神才可能得到言说。所以谢林也就对次第演替的实行做了如下描述："作为诸神历史的神话……只可能在生命自身中创生，神话必定是某种得到了体验和经验的东西。"谢林关注的，是体验和经验的这种现实性和事实性。他将之理解为意识的事实。但意识的这种经验可能性之条件还没有因此得到阐发。

神话与危机

神话的事实还与两个更进一步的要素——语言与神话——相关联：每一个族群都有自己特有的神话，

正如他们每一个都有自己特有的语言。历史意识不可能回溯到语言和神话这些事实之前。只有各个族群流传下来的文本可能作为描述历史的根据。但这些族群又通过各自的语言，进而也恰恰通过各自的神话彼此区分。语言与神话看起来关联共属。语言的功能是为意识赋予一体性，之后才有书写。而正如已经说的，神话是意识的事实。由此看来，不同族群通过它们的意识而彼此区分。

要说明这一区分，并没有现成的历史证据可用；如果真要说包含这样的这种证据，那就是各族群的分裂已经发生了这个事实。哪里有分裂，哪里先前就必定存在一种将被分裂的统一性。各族群由于语言和神话分裂，所以在分裂之前，各族群必定处在一种精神统一性中。所以就此来看，当各个族群"在精神和内在性上彼此排斥，但同时也在彼此之内以不可克服的方式关联为一整个群体，那么倘若没有想到一种精神性、让人类保持在那种不动性中的力量得到设想，那不仅人类尚未分裂时的源初统一性无从设想……而且，如果要假定人类离开了曾经没有族群之分、只有纯然群落之别的境况，没有一个具有至深意义、必定发生在人类意识自身根基处的精神危机也是不可设想的，如果它足够强大，就能掌控或者规定人类，使人类分裂为各个族群"①。

源于希腊语的"危机"一词表达的就是"分裂"，在德语中，它表达的不是那种自然展开意义上的"分化式分裂"，反倒毋宁说是一种"撕裂"，而凡是撕裂都需要治愈。谢林在下面这点上看到了一种对于这种分裂是一种痛苦分裂的暗示：各个族群都在尽一切努力去断言它们的统一性。在谢林看来，这种力求的根由在于"对统一性彻底消失，进而人类意识的一切真正消失的畏惧"。② 在分裂之前，各个族群的人在意识上是一。所以这种"一"也会与意识的统一性一并丧失。"由于失去全部统一意识而感到的畏惧和惊惶，把幸存者聚集在一起，驱迫他们至少坚持一种局部统一性，即便不作为全人类，也仍要作为一个族群挺下去。"

如果说在分裂以前起支配作用的统一性是一种精神性统一性，那么可以说，这种统一性就蕴含在意识中。危机表现为语言与神话的分化。因此，统一性就必定已然表现为语言与神话的统一性。一种神话的统

① 《神话哲学》，SW XI, 100。
② 此处及下文都出自：《神话哲学》，SW XI, 115。

一性既不可能允许复多的、彼此等同的诸神被设想，也不可能允许一种诸神的序列被设想。所以谢林论证说，在多神论和危机之前，必定有一种一神论曾经具有支配地位。这种一神论必须被设想为这样的：它能够解释紧随它之后出现的多神论；所以这种一神论应该理解为一种潜在的多神论。

这样的一神论并非人们通常就这个概念所想当然的那种。谢林所设想的是绝对的一神论，其中的"神"也是绝对的神。"因为绝对—独一的神是那个绝不允许自己之外有其他诸神之可能性的神，仅仅在他之先没有其他神，但与他并列或之后又有其他神的神，只是相对—独一的神。"① 从后来的意识的视角出发，相对一神论的神只是诸神历史序列，也就是神谱的首要环节而已。而从那种认为相对独一的神就是唯一神的意识出发来看，这个神不可能是一个诸神序列的环节，因为这种意识无法认识这个序列。这个神"并非一个据其自然本性而不进入神话的神，但只要另一个神还没有宣告自身，进而移开前一个神的绝对性，那前一个神就还是有可能表面上显得像是唯一的、不进入神

——————————
① 此处及下文都出自：《神话哲学》，SW XI, 127。

话的神"。把第一个神置入过去的第二个神的凸显，终结了危机之前的相对一神论时代，而这个时代也在第二个神中得到了宣示。

前危机的时代也是一个被掩藏起来的多神论时代，这个时代同样是潜在的分化与分裂的时代。这个时代的统一性不能被设想为一种彻彻底底的统一性，因为族群分裂恰恰是从这种统一性中发生的。"因此，那个曾经在其统一性中维系着人类的本原不可能是绝对的本原，这个本原必须是这样一个本原：能够有另一个本原紧随其后，它会被这个后起的本原推动、转化，乃至最终被支配。"① 前危机时代的统一性的本原，不会引发任何精神运动；正如谢林所说，只要这种统一性存在，那就必定可以设想不会有任何变化或者说运动。这一本原，或者说这个神"把一种未分割和无冲突的统治笼罩在世界上。但只消另一个神宣告了自己，那这种和平就不再可能续存了"②。危机是变化的开端，确切说是持续变化的开端。在这些变化发生之前，大抵没有发生任何值得记叙的东西；这个时代是彻彻底底的前历史时代。若无本质性的运动，某一时代就

① 《神话哲学》，SW XI, 130。
② 同上书，SW XI, 136。

会是自由在其中无法实现自己的时代。可以想到，当处在某个相对独一神统治下的自由不可能展开自己之际，一种在神谱进程中看到意义的可能性就自然生发了出来。这种可能性在于，在意识从相对一神论向次第展开的多神论前进的过程中，可以看到自由的演进。"无论怎么去思考多神论，它必定始终仍是一种更高认识的中介，向着人类意识更大解放的过渡。"①

为了能把握这一危机，谢林又回溯了希腊词"审判"的更丰富含义上。在审判之际，正义和不正义得到了区分，审判做出了一种判断。但通过在这里只可能是一种神的审判，最初的统一性也就被扬弃了，所以"由于神的审判被摧毁的统一性不可能是截然真实的统一性。因为在任何情况下，审判都只能针对相对真实的东西或一些冒充全面的片面之物"。② 伴随着多神论而终结的，并不是全部的真实。所以谢林接着说："多神论悬临人类之上，并不是为了摧毁真正的独一神，而是为了去摧毁片面的独一神，摧毁纯然相对的一神论。多神论……是向着更好情况的过渡，也是向着把人类从一种就其自身而言友善、但压制着人类自

---

① 《神话哲学》，SW XI, 138。
② 此处及下文都出自：《神话哲学》，SW XI, 139。

由和全部发展过程、进而也压制着最高认识的强力中解脱出来的过渡。"因此，谢林把多神论理解为一种历史性现象，也理解为一种过渡和进步，确切说，多神论的进步在于它指向自由意识。在这里，谢林承认了前基督时期的各种宗教本身的意义；它们并非简单从真信中堕落，相反，它们对人类有着重要作用。"乍看起来，没有比'真理'和'神话'更不搭的东西了……但恰恰在这个对立自身中潜藏着确定的要求和任务，即在这一表面上看起来的非理性中揭示理性，在无意义的假象中揭示意义。"①

在这一点上，谢林的运思努力保持在启蒙方案的范围内，即一定要寻得和揭示出理性。在启蒙运动中，对于人类心理生活中那些不再合乎知性的现象的兴趣得到了生长，进而延伸到心理经验，最终则导向了经验心理学，与之并列，人们也力求去把握那些显得逃逸出概念把握的东西，所以谢林也一样，也是努力在表面上看起来的非理性中揭示理性。在这种努力中，谢林的思想表明自己是一种对"更启蒙"方案的执行——尽管人们总是喜欢把它称为"浪漫主义的"。

① 《神话哲学》，SW XI, 220。

把谢林哲学理解为一种浪漫主义思想，理解为一种摆脱启蒙任务的去启蒙化尝试，都是彻头彻尾的误解！毋宁说，谢林哲学应被理解为对启蒙任务的推进。

谢林思想刻着启蒙的烙印，这一点在此也表现在他所用的方法上，即先验方法，也就是追问可能性条件的方法。在如此追问之际，谢林也就把相对的一神论指明为多神论的条件，而当他以此方式进一步追问多神论的条件之际，他就必定会进一步探索多神论的历史性开端。谢林从相对一神论——相对一神论就是并没有如其所是地得到意识的多神论——出发来说明多神论。他说："从这一点出发产生的结论就是，我们对于多神论本身根本就不知道任何历史性的开端。"① 真正意义上的历史时间伴随着危机开启。"与之相反，人类宁静而安详的统一体的时间是彻彻底底的前历史时间。"不过关于这一时间，谢林还是能说："这个时间的意识已然被那个无条件的独一神彻底充满，这个神之后将成为次第相继的多神论中的第一个神。"倘若这个时间没有被独一神充满，或者说，倘若

---

① 此处及下文都出自：《神话哲学》，SW XI, 181。

它不是独一的本原，那么在这个时间中就会有运动，亦即历史的存在了。而正如谢林所理解的，前历史的时间是无历史的，因为它只有唯一一个没有第二本原尾随其后的本原。在第二个本原凸显之际，危机就会因此现实地存在，历史也会借此而现实存在。

谢林最后总结道：如果严格设想的前历史时间是无历史的，"那么相对独一神在其面前仍是截然独一神的那种人类意识，就是人类第一个现实的意识，人类自身不知道在这个意识之前还有别的意识，人类从一开始就处在这个意识中，没有其他意识据时间而言可能先行于这个意识，因此可以说，我们不知道多神论的历史性开端"①。相对一神论的无历史时间是现实意识——这种意识就是一旦存在，就已然先于自己而存在的意识——的第一个现象。在相对一神论之前，不可能设想任何时间。

绝对一神论

这种意识处在自己之先。没有任何时间在它之先。

---

① 《神话哲学》，SW XI，182。

所以从某种时间上的先行者出发，无法对此进行说明。但只要哲思和概念把握是应该做的，那么说明仍是必要的。"这种意识应当得到说明"就意味着，"甚至这种潜在地已然是神话性的意识也只可能是一个被生成的意识，但也正如我们已经看到的，这种生成并非历史性的生成"。① 谢林接着说："因此，这一意识得以生成的那个过程……只可能是一个超历史的过程。"他之前也同样说过："怎样从族群演进到人类，现在就怎样从人类演进到最初的人自身，因为在超历史的环节中，能设想的只有'最初的人'。"这里谈到的"最初的人"并不指向所谓的"原始人"，甚至也不指向历史中的人，而是指向超历史的，也就是无时间的人。但这种无时间性也必定与时间相关联，因为它应当去说明在时间中运行的历史。这种思想理路谢林在比如他的《自由论》中就已经运用了，其来源则是康德对宗教的讨论。不过在这里对此先按下不表。

谢林通过回忆下面这点继续他的运思：最初的现实意识是关于神的意识。他说道："在最初现实意识的彼岸，唯一能设想的就是人类，或者说在其先于一切

①　此处及下文都出自：《神话哲学》，SW XI, 184。

现实意识的纯粹实体中的意识,在这种情况下人类并没有对自己的意识(因为倘若没有一种意识生成活动,即倘若没有一种活动,对自己的意识就是不可能的)。"① 现在有必要把这句话单独拎出来,看看迄今为止都说了些什么。首先可以看到,在现实意识的彼岸只有人类——很明显,也就是最初的人类——能被设想。而最初的人类的特点在于,意识处在其纯粹的实体中。根据康德的表达——谢林晚期也常常用这一表达——所谓"实体"就是属性变化中不变的东西。而一个纯粹实体只有在没有属性的情况下才能被设想,也就是说,纯粹的实体就是纯粹的不变者。处在其纯粹实体中的意识要被设想先行于现实意识。在现实意识中,人类是主—客体,或者说,他对自己有所认识。但认识是一桩行动,认识也只有在它得到实行之际才存在。只有在意识变得积极并且有所反应之际,它才在进行着认识。所以意识的行动可以被设想为意识实体的属性。所以谢林反之会认为,处在其纯粹实体中的意识会对属性的展开有所阻碍。这种意识没有任何对它而言具有属性意味的行动。它就是纯粹的实体。

---

① 此处及下文都出自:《神话哲学》,SW XI, 185。

所以谢林紧接着的一句插入说明的意思也就清楚了："因此，如果源初人类对某物必定有所意识，那么这只可能是对神的意识，这种意识并不与一桩行动，也就是比如与一个认识活动或者意愿相关联，因此这是一种对神纯粹的实体性意识。"一个意识不可能是对于无的意识，它必定有其内容。但这个内容现在不可能是自身意识，因为自身意识只存在于一时的行动和实行中。而倘若没有认识活动和意愿，行动就是不可能的。在这里需要设想的意识内容，处在自身意识之先，并且独立于自身意识。这一内容唯凭意识就为意识所有，确切地说，没有任何行动就为意识所有。

总之，不要误解谢林在这里用的"实体"一词的含义。始终需要记得，谢林用的这些词都来自古典语言，其含义总是系于这些词的语言起源，在这里也一样。"实体"这个词也是如此，它的意思就是"处在底部的东西"，也就是"承载者"。这个意思与康德把实体定义为"不变者"是一致的。当"实体"以此方式理解之际，它也就被设想为对于"站立""承载""守持"这些活动的不断实行。这一含义表面上看起来与"实体"的含义相矛盾，因为纯粹实体绝非行动。但当谢林谈到属性意义上的行动，也就是附加到实体上的

— 177 —

特殊行动之际，谢林仍是在行动性质上来讨论实体。当实体自身并非行动之际，它就不可能承载任何属性意义上的行动；但无论如何，实体必须理解为承载了一切其他行动的基础行动。这样理解的话，纯粹的实体其实也就是意识正实行着自己的存在。语言在这里诚然已经触碰到了其能力的边界。"实行着自己"是一种反思下的表达，它道出了一种与自身的关系。但谢林在此所意指的恰恰不是这样。意识的存在——换作谢林在这里用的另一种表达来说——就是生命。

关于这种纯粹的实体性意识，谢林接着说："源初人类并不是现实的人类，他出于其自然本性就是神的设定者（das Gott Setzende）。"根据前面已经说明的内容，可以理解到，这里的"设定"行为就可以认为是意识的实体性实行活动，而非特定的行动。只有首先基于实体性的行动，现实意识才可能在属性意义上的行动中设定神。所以谢林的这个说法，既包含了关于现实意识的观点（也就是既包含了关于在相对一神论中的多神论观点）也包含了一个抽象的神的观点。所以"对于源初意识而言，除了它是处在其真理和绝对统一性的神的设定者之外，再无其他"。实体性意识并不实行任何特殊和特定的行动，而始终保持为内容的，仅仅是不需通过特定行动就能是其内容的东西，也就是不能被规定的东西，亦即无规定者。

在早期，谢林曾把神设想为绝对自我①，并把它设想为无条件者，也就是不可能被当作物、当作特定的东西，因此，无条件者不可能以任何方式被设想为有限者。② 这种意识的存在方式谢林早先称为"理智直观"，后来称为"绽出"（Ekstasis）。所以他早期就提出的这个构想在后来也一以贯之。一切规定都作为属性意义上的东西被纯粹实体排除在外。纯粹实体的内容只可能是彻彻底底的无条件者，但它——为了避免任何误解——并非一个被思考了的无条件者（一个被思考了的无条件者只可能源于一种属性意义上的行动），而是一个就这样存在着的无条件者。这样的无条件者在传统上也用来刻画神，所以谢林在这段话里也用这种方式讨论神。神处在其统一体中，因此在这种情况下不可能设想任何差异，这就使得一切混淆的可能性也都被抽走了，所以这个意义上的神也就是处在其真理中的神。

因此，谢林的反思也就把实体性的意识设定为现实意识的先验可能性条件；谢林本人也知道，除了从

---

① 《致黑格尔的信》，1795. 02. 04，AA III，1，22 及以下。
② 《论自我》，AA I，2，89（SW I，166）。

一个预先设定的条件出发，也没有其他方式来道出这一点。这种言说方式所附带的危险就在于，人们在此很容易想到这是一种纯粹的思想建构。所以谢林在"前提预设"这个概念上还做了一个限制："如果有一种表述用在这种本质性的设定的活动上确实可行，那么通过这种表述，在根本意义上得到刻画的是一个科学概念。"① 谢林以此方式强调的，是必须去讨论一个并不被思想、而是就那样存在着的神。所以就这一点来看，实体性意识是一神论式的。

但在这里所呈现的一神论并非相对一神论，而是绝对一神论。谢林仍是在与各种误解的对抗中确立这种绝对一神论。这种一神论"首先是一种超历史性的一神论，其次它并非属于人类知性，而是属于人类自然本性"，在这里，自然应在"本质"的意义上来理解。谢林给出了下面断言，"因为在其源初本质中，人类除了作为设定着神的自然，并没有其他存在意义，因为人类源初的实存意义，仅仅是成为设定着这个神的本质，也就是说，人类源初并不自为地自身存在，而是完全朝向着神，仿佛沉浸在神之中的自然物"。所

---

① 此处及下文都出自：《神话哲学》，SW XI, 185。

以在其源初本质中，人类并不自为地自身存在，也就是说并非源初地就有自身意识，而是沉浸在神中的自然物。在这个说法里，谢林紧接着强调说："我从来用的都是最本真和最具刻画力的表述。"

我们试着为谢林的这一表述做一些补充。在热恋中，一位男士为一位散发着魅力的女士倾倒。但他并没有主动让自己去为之吸引和倾倒；所谓的"热恋"，恰恰是在我们仿佛并没有主动去意愿它的时候笼罩在我们头上的。无论如何，"热恋"绝非我们的意愿结果，我们并不会把"热恋"体验为迫不得已或者强制，毋宁说，当爱觅得了爱者，爱就会表现为充盈，当爱在这种充盈中现身之际，我们并没有意愿爱，只是不愿让爱离开。在人类本己的自由面前，发生了在自由的深渊中已得肯定的东西，也就是在尚不知晓它是什么的情况下，人类就已然在意愿的东西。当人们一并听到了对谢林这番话的解释并为之沉浸之际，意识包含的设定着神的自然本性也就在意识中得到了充实，确切说，是在意识还没有去试图和意愿行此充实之际就得到了充实。而这种充实在于，意识内在地就拥有处在其真理中的神。因为在神之前不再有任何东西存在，所以意识也就在自己作为"真理之根基"的意义上认识到了自己。意识是确凿无疑的。这是笛卡尔对近代具有主导意义的确定性问题的答复。但这种确凿无疑的意识必须保持自己不运动，它是静止的。对它自己而言，它的根基是确凿无疑的，确切说，是由自己的存在而得其根基。但这种意识并不支配其根基，不论这个根基是现在说的神，还是绝对者，抑或是之前提过的无条件者；所以这种意识是沉浸的。根据这一观点，关于谢林"处在其纯粹实体中的意识"这一说法，很明显还有另一种解读方式。意识静息在它由之得到承载的东西中。但在本质上看，意识的根据除了意识，也不可能是其他的东西。所以当意识意识到神之际，意识也就意识到了自己的原型。这就类似于晚期费希特在这一点上对神的超越与内在做的非对象性区分。

对绝对的、非相对的一神论的神的回溯，使谢林得以驳斥"意识何以会朝向神"这个问题。"但意识并不走向神……也就是说，既然一旦意识自行运动，从神之中走出，它就会从其源初状态中绽脱，那么唯一的情况就是，意识源初地就附着在神身上，或者说意识本就自在地拥有神。"[①] 当意识自行运动之际，它随

即也就只能够离开神了，因为它就依于神而在。关于源初人类及其意识，下面这话讲得最清楚："人类并不拥有这种意识，人类就是这种意识，恰恰只有在非现实中，在非运动中，人类才是真正的神的设定者。"① 所以意识先天地就认识着神。很明显，谢林并不把神思考为事物；在《自由论》中，谢林就已经指责了斯宾诺莎把神当作事物的做法，神是自由。相对一神论的神，也就是至少潜在地拥有与自己毗邻或者在自己之后诸神的神，将会在时间进程中变得"越发强大，越发排他，越发有妒意地固守着自己的统一性。这种排他的、以最严苛的否定来坚守自己独一性的特质，只可能出自相对的唯一者；因为真正绝对的神，并不以这种排他的方式而为独一者，这样的神作为不排斥一切者也不受任何东西的威胁"② 真正的神与相对一神论的神对立，他是全然独立的，因而是自由的。

源初意识就是对神的意识，此外无他。"但随即也需要进一步地把握到，这种（源初的）本质性关系只能被设想为一个环节，人类不可能总是停留在这种外在于自己的存在中，人类必须从这种沉浸在神之中的

---

① 《神话哲学》，SW XI, 187。
② 同上书，SW XI, 173。

状态里绽脱出来，如此方能转入一种对神的认识中，进而以此方式转入一种自由的关系中。"① 仅仅"沉浸"是不够的。正如仅仅"热恋"也是不够的；如果想让热恋成为长长久久的爱，那就需要意志的行动，要为他者自身之故来承认他者。而这只发生在仅以自身为目标的自由中。唯有对自由之神的承认才是最自由的承认行为。所以意识不能停留在它前历史的存在中，它必须让自己运动和改变，进而在此过程中通过多神论把握到真正的神，并由此获得与他的自由关系，而只有这种关系才唯一适合于真正的神及其自由。

神话进程

谢林在刚刚所引的那段话里，以强调的方式引入了对神话进程的讨论，他说接下来"整个探究会转向另一个方向"。借由源初意识，谢林已经找到了神话的解释根据。神话不能理解为纯粹的"事实"，而是应理解为意识自身的历程。所以"神话的整个解释方式也发生了改变"。② 若要得到"解释"，必须勾勒根据。

---

① 此处及下文都出自：《神话哲学》，SW XI, 189。
②《神话哲学》，SW XI, 191。

当神话得到解释之际，它的根据就是一个时间性序列的根据。而得到这些根据奠基的序列则是一个演进过程，它必须以此方式而非其他方式实行自己，简言之，这个序列是一个进程。"借此，'进程'这个概念也就由此被确立为（神话）产生方式的普遍概念。"① 在他的"神话哲学"里，谢林详尽阐述了这一进程，又在"启示哲学"中对之作了提纲挈领的阐述。因为在对神话的讨论上，后者实际上是沿袭前者的。

在这里只需要了解，谢林本人的讨论，是关联于神话中的意识进程："神话通过一个（就意识而言）必然的进程而发生，这一进程的本源失落在了超历史的要素中，并且把自己向意识隐藏了起来，或许在个别环节上，意识还能反抗这个进程，但在整体上，意识无法让这个进程停驻，遑论让它有丝毫倒退。"

神话哲学致力的是思想这一进程的开端。谢林是在其希腊和拉丁意思Aρχή和 *principium* 的意义上使用"开端"一词。所以"开端"指的就是根据、本原和支配者。如此设想的开端也就像时间性的开端一样，不能没有终点。所以谢林所说的"终点"同样要在其希

① 此处及下文都出自：《神话哲学》，SW XI, 193。

腊意义 Τέλος 和拉丁意义 *finis* 上来思考，即指已然开端的运动之目标和完成。"哪里存在一个进程，哪里就有一个出发点，一个所来和所往。"[1] 神话这一历史性运动的所出始终召唤着谢林。他始终在尝试为其寻找一个同时在自身中包含着对目标之指引的出发点。"一种不知历史开端的历史哲学，只可能是某种全然特殊的东西，也根本不配'哲学'这个名号。"[2] 历史若无开端就无终点。"倘若历史的时间没有边界、无度前进，那就是在给无所不用其极的任意广开方便之门，这样一来，真实与虚假，正见与偏见抑或臆想，都无从区分了。"[3] 这样一来，人的生命——不管是类的还是个体的——都会在无定中徘徊。因为在这种情况下，既没有"何来"也没有"何往"。这种对事物的看法"最终不会落在实事求是的观点上，而是会落在那些出自不完备研究和崖岸自高的观点上，它们会说，人类和人性自开端以来除了已然执迷，再无其他，人性是盲目的，完全听天由命的，这些观点把人类出卖给最可鄙的偶然性，它们仿佛仍在持续摸索着自己的道路。

————————

① 《神话哲学》，SW XI, 239。
② 同上书，SW XI, 237。
③ 同上书，SW XI, 236。

可以说，这就是时代的普遍看法"①。在这里，"摸索"
这个词很明显让人想到《纯粹理性批判》，在那里康德
也认为，在未经批判之前，理性的形式方式就是"纯
然原地摸索"②，所以它还根本没有找到"科学的康庄
大道"③。而谢林想要的是通过寻求开端，把批判的事
业带向其目标和终点来结束这种"摸索"。

① 《神话哲学》，SW XI，239。
② KrV B XI.
③ KrV B XIV；XIX.

第十章　理性与启示

神话时代分崩瓦解，接着被基督教接替了。因此，一种旨在把握历史的哲学也就不可能只满足于此。即使是基督教，也需要得到把握。这项任务，就是谢林在他生命最后的二十年里，所着力构想的"启示哲学"。它被保存在两个文本里，一是所谓的《启示哲学原稿》①，然后是《谢林著作全集》中收入的《启示哲学》②。第一个文本囊括了超七百页的《启示哲学》的内容，第二个文本则甚至超过了八百页。不过很明显，在这本书里对这部作品的整个内容进行综括和介绍是不可能的。

因此，在这本书里，我只拟考虑说明"启示哲学"

① 已由 Walter E. Ehrhardt 编辑出版。
② SW 的 XIII 和 XIV 卷。（［译注］《启示哲学导论》及其正文现有王丁的汉译本，北京大学出版社，2019 年［《导论》］，2022 年［正文］，以下引自其中的文段均参考王丁汉译。）

这个概念。对此，首先必须对谢林晚期的哲学概念本身作一番阐述。它使得哲学把自己划分为了两种反思方式，即否定哲学（negative philosophie）和肯定哲学（positive philosophie）。我们下一步再来说明这个区分。启示哲学是肯定哲学。而否定与肯定哲学的联系我们最后再来阐明。首先要做的，是试着把启示哲学的根本构想给呈现出来。

谢林的哲学概念

在撰于 1830 年的《哲学导论》中，谢林说："'哲学'这个词本身已经道出了自己的名字，即一种意愿，一种对智慧的追求。毫无疑问，这种质朴的意愿，就是人类最初的需求。这不是为了某个人的意见，而是为了他现实的行为。上帝、人类、自然、自由以及道德，这些都是人类质朴需求中重要的东西，对这一点，人们向来在所有哲学中都是一致的……人们不能协调一致的地方不过是对哲学这种知识进行奠基的方式。"① 也就是说，哲学家们在下面这点上是一致的，

----

① 谢林，《哲学导论》，Walter E. Ehrhardt 编，斯图加特，1989 年，第 7 页。

即他们都意愿去求知，确切地说，正如刚刚提到的那些知识对象表明的，他们都意愿去为对所有人而言最值得认识的东西去求知。这种知识并不为所有人拥有；所有人都需求它，进而他们都必定追求它。如果哲学家必须以上述所指明的这种情况来行事，那么他们的差别就在于，以不同方式去尝试把哲学这种知识奠基为一种通过种种理由稳靠且能得到证明的知识。

在《启示哲学》的第一讲中，谢林也强调，哲学关乎"使人类意识永葆正直的信念"，在哲学这里，那些"令人不得安宁的问题，也应得到解答，而其他科学无法对它们给出答案"，哲学关乎的是整体。① 谢林说明了哲学相对于其他科学的位置，比如在自身中不断前进的数学，"数学并没有给出对它自身的解释，没有对它自己的可能性做出解释"。② 一旦数学想试着做这件事，它"就会恰恰因之而走到自身之外"③，也就是进入哲学之中。也就是说，通过首先正当地为自己给出说明，哲学为一切科学的可能性提供说明。哲学关乎整体的方式就在于，它承担了为一切知识奠基的

① 《启示哲学》，SW XIII，3。
② 同上书，SW XIII，3。
③ 同上书，SW XIII，4。

使命。但谢林借《传道书》说，人类的生命显得像是虚妄的，"因为缺乏真正目的的一切都是虚妄的"①。

意识到这种虚妄的人，自己就是"最不可把握的东西"，如此一来就产生了"最终的、充满绝望的问题：究竟为什么有某物存在？为什么无不存在？"而提出这个"最终且最普遍的问题"的，正是哲学②；如果哲学致力给出对此问题的一个答案，那么这个答案就是一种确凿的知识，而哲学自身就是一个"紧迫的要求……并非这个或者那个个体的要求，而是人类自然本性自身的要求"③。哲学因而也就是"最值得追求的科学，因为其他一切知识甚至唯有通过哲学才获得其最高的关联和最终的支撑"④。这样来理解的话，那么对于晚期谢林来说，哲学就是科学，确切地说是首要的奠基性科学，哲学是对整体的知识，因而就是体系，并且正是哲学提出了对于人类之本质而言不可或缺的、关于生命的意义与目标的问题。

而哲学不可能通过其他科学给出最终的答案。其他科学寻找自己的对象，但哲学"要自己给予自己对

---

① 此处及下文均出自：《启示哲学》，SW XIII, 7。
② 同上书，SW XIII, 8。
③ 同上书，SW XIII, 7。
④ 同上书，SW XIII, 8。

— 194 —

象"，所以"必须从自己出发为自己赢获对象"①。既然哲学的旨归是种种最终的根据，也正因为它们是最终的，而非预先置于眼前的，所以哲学不能随随便便就抓取一个对象，而是必须寻求自己的对象并为之奠基。这是哲学的首要任务。

谢林并不否认有这样一种纷乱的现象，即在许多种哲学中，存在着某种看起来在进行徒劳追求的哲学。但正如他所说，哲学是一种意愿，确切地说，是一种超越于一切世代的人类之上的意愿。这种意愿就是历史，因而哲学也有其历史。谁要是意愿一种"现实存在、因而也持存不变"的哲学，他就会让"那些先行的、在真正的哲学中必定会找到其目标的一切展开过程重获其合法性"②。这一合法性实现的方式就是，人们要试着去理解，某种哲学在解决难题时抛出的问题，以及后来者对这些问题的回应。所以，如果哲思的进程并不会避免错误，那么它也同样不会避开真理。因此，哲学史自身就会导向每一位哲学家——在此则是谢林——所面对的问题。而谢林在他的时代接续和开启的

---

① 《启示哲学》，SW XIII，147。
② 同上书，SW XIII，16。

问题局面，把他引向了肯定与否定哲学的区分。而他首先通过与自己直接的先行者，即康德与费希特的争辩，以及在与黑格尔的论战中，来说明这一区分的急迫性。

否定与肯定哲学的区分

自笛卡尔为寻求确凿无疑的真实之物而确立怀疑方法开始，知识本身就成了知识的对象。康德随后指明了知识在其一切领域中的先天结构。康德以分析的方式拆解的东西，被费希特再次体系化。以这种方式，费希特就颇有说服力地成功把哲学构想为无前提的科学，确切地说，是将之构想为先天科学，它意味着哲学作为科学，出自知识在理性自身中得到奠基的必然结构。费希特把哲学的本原设想为无前提的行动，因而也就设想为自由。就此而言，这种哲学所带来的洞见具有永恒的价值。

但在哲学探究一切知识的结构之际，知识在其内容上始终都没有顾及其他科学，也就是在哲学知识之外的科学。康德与费希特的先验哲学讨论的，是能够存在者（was sein kann）而非存在者（was ist）。[1] 这种

---

① 《启示哲学》，SW XIII, 89。

被哲学只贯通了可能性的领域。可能的东西就是能够被把握的东西；不能被把握的东西就是不可能的。这种哲学呈现的是存在者之可能性的种种条件。这种可能性把自己表达为概念，而概念道出的是存在者的本质和"所是"。但"某物存在"这个实情，是"超出了纯然概念的东西，也就是实存。存在着一种关于实存的认识，这种认识诚然澄清了下面这回事情，即缺乏现实认识的概念和缺乏概念的认识都是不可能的。"①

概念把自己呈现为认识的条件，但它不能代替认识。所以哲思尽管必须以概念为开端，但在另一方面，这也就把哲思锁闭在了可能性或者说概念的领域里了，从而把认识排除在了自身之外，并在它跟自己之间划定了一条界限。正因为一切划界都表现为一种否定，尤其是对处在此界限之外者的否定，所以谢林也就把以概念来进行把握的哲学称为否定哲学。"否定"这个词绝非贬低，而是相反。唯有在否定哲学把自己充作唯一可能的哲学的时候，才是需要批判的。对谢林来说，黑格尔哲学就是这种哲学的典范。

也就是说，否定哲学是考察概念的洞见，所以它

---

① 《启示哲学》，SW XIII, 58。

也被称为纯粹唯理论哲学，而肯定哲学之为认识是相对于这一点而言的。需要反复强调的是，对实存和实情进行断言的那种认识，不可能从概念中得出，但仍以概念为前提。纯粹唯理论哲学构建的是概念。而那种与之相对、把某物带向意识的认识方式，则是经验。如果否定哲学探索和呈现的是先天之物，那么肯定哲学所面对的，则始终是后天之物或者经验。当谢林引入经验这个概念时，他也是在对把经验误解为"仅限于外部或内部感官世界"的反驳中来确立这个概念的。① 他所指向的这种我们在人类身上获得的经验，尽管"仍只能以经验的方式得到认识"，但这能让我们把自己看作"自由意愿和行动的理智生物"，"作为如此这般，不落入感官之中的理智生物"。② 某个人究竟是怎样的人，只能"从后天出发，也就是通过他的外在表现和行为"得到认识。③ 也就是说，自由只能通过经验被认识，亦即唯有通过行动才能得到经验。但"一桩自由的行动比某种只能在纯然的思想中被认识的东西更为丰富"④。比如通过纯然的思想，就能对几何

---

① 《启示哲学》，SW XIII，112。
② 同上书，SW XIII，113。
③ 同上书。
④ 此处及下文均出自：《启示哲学》，SW XIII，114。

学有清楚的理解，确切来说这是因为，几何学对行动和发生的事件都无所洞见。相反，"很容易看出，唯有决断和行动才能为真正意义上的经验奠基"。这句话很难表明，谢林在这里把感官经验排除在外了。相反，如果认为，谢林把自然设想为合法则的关联总体，如果人们毕竟在对自然的此在进行着认识，那么就其本原而言，自然只能从先天出发得到把握。但肯定哲学以来自自由的经验为其对象。自由才能为发生的事件和行动奠基。

在这一点上我们才能明白，谢林为什么要选"否定"和"肯定"这两个词。概念的把握活动把自己实行在概念中，而认识则指向存在者的根据；认识是一种因果性的说明。所以，"肯定哲学"这个说法跟"实定法"中的"实定/肯定"① 一词是可以相比较的。如果在道路交规中，右转或者左转并不能从"正义""自然法"② 或者相应的基础性概念中推导出来，相反，左转或者右转的规则必须被接纳为一种——大约根据实用的法则而来的——设定，那么在肯定哲学中，被设定的也并非是从概念推导而来的东西，而是来自自

---

① ［译注］"实定"和"肯定"在德语中都是"positive"。
② ［译注］"右"、"正义"和"法"在德语中都是"das Recht"。

由的经验。

尤其要注意的是，肯定哲学既不指向自然经验，也不像神智学声称的那样，指向神秘经验。神智学建立在某种"自身对之无力的感觉"上，但神智学"并不去说明这种亟待说明的感觉"，在《启示哲学原稿》中，谢林也是这么讲的①。尤其是雅各布·波墨（Jacob Böhme）的神智学，把神设想为尽管在运动、但并不行动的自然。② 或许下面这种误解是可以接受的，即尽管肯定哲学从经验出发，但它并没有在前康德哲学意义上从经验对象出发回到它们的创造者。这种对象始终也是一个得到了概念把握的对象，被纳入概念中的东西，跟概念有一种补充关系。如果肯定哲学始终停留在这种得到了概念把握的经验上，那么它也始终停留在先天思想的范围中。但肯定哲学做的显然不是这种事，"肯定哲学从先行于且在一切思想之外的东西出发，也就是从存在出发……从绝对处在思想之外的存在出发"③。这种存在是彼岸性的，正如谢林所言，它超越于思想和属思想的经验，"这是彻彻底底超越的存在"④。

_____

① 《启示哲学原稿》，430。
② 《启示哲学》，SW XIII，125。
③ 同上书，SW XIII，126 及以下。
④ 此处及下文均出自：《启示哲学》，SW XIII，127。

这一表达明确表明，谢林并没有倒退到前康德形而上学中。前康德形而上学的出发点是下面这种洞见，即一方面，存在着思想与属思想的经验之间的某种可思想的必然关联脉络，另一方面还有超越的存在，后者必定是不能被拉入先天知识领域的最终之物，如此一来，这就阻止了把这一存在设想为自由。但如果超越的存在被认作自由，那么甚至它自己的存在也是它自由的后果，而绝非必然的前提。谢林也把这种自由称为绝对的在先者。"如果过渡入存在，那么这只可能是自由行动的后果"，这一后果作为行动只可能是经验性的，只能从后天出发认识。就此而言，肯定哲学并非从经验出发，而是朝向经验。①它所把握的，是始终在知识中显现的东西，凭着这个东西，知识自身才作为一桩事实存在。

只有在哲学已经贯通了否定哲学的领域，肯定哲学才能达到上述这点。所以现在只有在时代和事实的意义上，否定哲学才能再次把自己证明为第一哲学。"如果否定哲学自满于第一科学的名号（作为第一科学的否定哲学就是一切科学的科学），那它就要把最高科学这个名号归给肯定哲学"。②肯定哲学愈是相对于否定哲学

① 《启示哲学》，SW XIII, 128。
② 同上书，SW XIII, 151。

得到更高的尊重，自由也就有相应的权力要求比必然性更高的地位。

启示哲学

肯定哲学以自由为主题，确切地说，以那种能够无前提地开启的自由为主题，对这种自由的另一种表达就是神。因此，启示哲学也就在自由中得到了自己的位置。但乍看起来，把哲学和启示并置起来似乎很困难。一方面，哲学是无条件的科学，而另一方面启示要求的是去开显"超越理性之上，比理性所包含的更丰富的东西"① 。如果两重规定中的任何一个被取消，那么"启示哲学"的方案就不可能实施了。所以谢林强调，"把哲学与启示连接起来，既不可牺牲哲学，也不可牺牲启示"②。启示哲学之所以是哲学，在于它是"全然自由产生的科学"③。对启示哲学而言，启示是其对象，正如对艺术哲学而言，艺术是其对象；只有在下面的意义上，即正如艺术这个对象"赋予了思想以权

---

① 《启示哲学》，SW XIII，143。
② 同上书，SW XIII，142。
③ 同上书，SW XIII，139。

威"① 的时候，启示才是源泉或者权威。哲学要把握的，远非只有启示，而启示也不可能一下子就得到把握，因为除了"还要去把握现实的神"②，即进行着运作和行动的神以外，不可能有其他把握启示的方法。

在否定哲学中神是一个理念，亦即生自理性的东西，在《纯粹理性批判》中，康德的辨证论就是这么处理的。而概念只有可能性，没有现实性。如此一来，人们无法凭严格意义上的概念开启任何东西，从概念中只能得出概念，而非现实的行动和开端。但如果意愿去思想现实，那么就不可以在概念中无尽地游荡。"应达至现实的东西，也必须同时出自现实，出自先行于一切可能性的现实。"③ 在这一点上，谢林自己构想了一种反驳："一种先行于一切可能性的现实是无法设想的。"谢林承认这种构想，但在其中并不存在反驳，相反，这是一种确证，它反倒为下面这回事情做了论证："正因为如此，先于一切可能的现实才是一切实际思想的开端。"谢林又补充道："思想的开端自身还不是思想。"思想的开端是先行于思想的东西，它只能被

---

① 《启示哲学》，SW XIII, 140。
② 同上书，SW XIII, 141。
③ 此处及下文均出自：《启示哲学》，SW XIII, 162。

设想为意志；一种实际的思想必须从实在性、从现实性出发，而现实性则处在可能性之先，它优先于概念把握。所以谢林并没有从神出发；因为神仍是在概念中被把握的。如果要去思考现实性，那它就无论如何都不会是概念，而那种承载着一切的现实性，谢林沿用康德的说法，将它称为理性的深渊，也就是彻彻底底的不可把握者。而肯定哲学的对象就是这个："但肯定哲学专注于先天不可把握者，只是为了能把它转化为后天的可把握者；先天的不可把握者会在神中成为可把握者。"① 不可以把谢林这话理解为，仿佛不可把握者只是表面上的不可把握而已；毋宁说，谢林在这里强调的是，要把它把握为不可把握者。

从这个不可把握者出发，谢林构想了一个神谱进程，在这个进程中神会逐渐走向自身。在这里无法详细展开这点。不过反倒需要注意的一点是，不能认为谢林所构想的这个进程取消了"创造"。因为"创造"就是"启示"。创造者把自己启示在他的创造活动中。不过"启示"这个概念并非启示哲学独有的。启示的内容也是基督教的内容，具体来说这一内容"完完全全就是基

---

① 《启示哲学》，SW XIII, 165。

督这个人格"。所以谢林说："在启示哲学中，事关宏旨的或者说首先要做的，就是把握基督这一人格。"他紧接着补充说："基督并非教师……也不是创教者，他就是基督教的内容。"① 尽管不可否认，耶稣进行过教化，也不可否认他创立了教会，但无论如何，耶稣的教导和他的教会都能与他这样的一个人格区分。这样的一个人——这也正是启示哲学的主题——才首先使得教导成为教导，教会成为教会。所以在这里并没有什么关于实际人格的"学说"能保留下来，有的只不过是一个后天可感的独一无二的人格。而这种对于一个历史人物的高度定位，也只可能在历史本身的范围内才能得到认识。

除了创造的事实和基督的人格外，还有一个诚然绝对谈不上具有神性但仍需讨论的点，那就是恶。恶是自由行动产生的事实；康德并没有证明恶的事实性，相反，他只是指明了恶这个事实的不可忽视。恶只能以经验的方式被认识，因此恰恰只能作为事实被认识到。而理性只能告诉我们善应当存在，所以严格来看，理性根本就没法告诉我们恶不会存在。如果我们严肃看待恶，如果我们在我们每一个人自己身上仔细看看，

———————————

① 《启示哲学》，SW XIV，35。

那恶确实是存在的。但也只有在充满恶意的世界这个背景下，神圣的、绝不有一丝恶的世界，才可能通过基督的至善人格得到理解。所以在谢林看来，基督是把罪的世界带回神那里的中介。基督之所以有此地位，是因为他是自永恒以来父亲借以创造世界的儿子。所以他是世界历史的中心人格。世界通过他并且指向他被创造。启示哲学就是对把握这一历史，把握世界历史做的预备。所以在本质上，启示哲学就是历史哲学，或者说，是关于自由的哲学。

　　但人们确实都是从教会和神学教义那里知道刚刚说的那些主题的。谢林深知这一点，但他说："人们或许会指责启示哲学……是一种保守的正统主义哲学。但启示哲学与所谓的'正统'没有任何关系，我拒绝这一指责，因为这是一种对于启示哲学根本错误的观点。实际上我根本就不在乎，某种教义学树立或者断言了什么，这不是我的任务，与某种教义学去符合一致不是哲学家的任务。对我来说，事关宏旨的就是去理解在其整全本真性中的基督教。"① 哲学的任务差不多也可以同样表达为："对我来说，基督教不过是一个

---

① 《启示哲学》，SW XIV，80。

我需要去尝试解释的现象。"① 谢林紧接着提到他的这些努力最深层次的原因：他要把自己区别于那些"根本就不愿意知道任何解释的人"，并承认那些知道"人格"这一概念之复杂的人是对的。但他也要求我们去思考，"基督教不可能纯然从个别方面出发被认识，既然它要求普遍的承认，那这种承认也只有以科学的方式才能获得，因为只有科学性的明晰洞见，才会把许许多多具有极为不同特征的人聚合统一起来"②。尽管没有明言，但谢林在这里其实是在化用基督的传教训喻——"把福音传遍全世界"。实际上，如果人们不能去遵奉某种洞见，那么各种文化之间的斗争永远不可避免。可如果"宣教"太过，竟至把人类从其生命关联中撕扯出来，那它就只可能总只是一种"信念"了，即便存在其他理性生物，总也还是会存在这个问题。

"我们意愿自由是万物最终的原因"

在另一处，谢林则着眼于基督教的历史阐发了他

---

① 《启示哲学》，XIV，201。
② 同上书，XIV，234。

的基本构想——基督教只有走在科学的道路上才可能获得普遍承认："基督教世界必须在其中长成的那种认识不该仍是那种使徒通过启示，亦即通过一种特殊关系获得的认识，它应该是一种在一切状况下，在一切时间和地点都能为人类掌握和通达的认识，简言之，这是一种普遍—人类的认识，因而也是一种自由的科学性认识。"① 谢林在这里所指的是耶稣对圣灵（精神）② 的预告，只有它才会把一切引入至全的真理中。尽管基督教其实并没有能去把握任何新的东西，但基督教还是全面且彻底把握了耶稣基督。所以，谢林年轻时候的那些尽管合理、但尚未展开的洞见在晚期才能得到展开。也只有在启示哲学里——尽管谢林说的这句话听起来几乎就像是他还是个青年的时候说的——他才能说，只有在圣灵（精神）这个居所中，"人类的全部努力、意愿、思想和知识，才能得到完满的统一"。③ 而只有在行动所指向的目标得到把握之际，这种统一才可能发生。谢林的这个说法，不由让人想起他非常早期的一个观点。在 1795 年《论自我作

---

① 《启示哲学》，XIV，296。
② ［译注］圣灵和精神在德语中是一个词：Geist。
③ 《启示哲学》，XIV，296。同见《哲学形式》，AA I，1，299 及以下（SW I，112）。

为哲学的本原》的前言里，谢林就说："只消让人类意识到他之所是，他很快就会知道自己应是。"[①] 在之前提过的1809年的《自由论》里，这个想法也得到了更明确的表达："我跟莱辛一样认为，被启示出来的真理绝对必须被塑造为理性真理。"所以谢林的观点就是，"恰恰对于那些最高的概念来说，一种清晰的理性观点必定是可能的，因为只有如此，我们才能实在地拥有它，它们才能真正被我们亲自接纳，并永恒地奠定在我们之中"。[②] 谢林接着论述说，所以只有当真理全然彻底敞明之际，它才能去指引行动，也只有如此，人类的实践判断才不会再一塌糊涂。

因此，把启示真理塑造为理性真理绝非知识分子、神学家或者哲学家的伎俩；相反，这对于基督教和人类来说都是殊为必要的。这个论题同时隐含着一个断言，即基督教的内容，也就是基督的人格，根本上来说对每一个人都有最高的意义。这一意义也就把作为自由之化身的基督，归给了整个德国唯心论。耶稣是彻底自由的人，作为自由的人，他也是全然自由之神的显现。

[①]《论自我》，AA I, 2, 77 及以下（SW I, 157）。
[②]《自由论》，SW VII, 412。

如果不能自由地去思想神，人类的自由就无法仅以论说的方式得到拯救。这一观点是谢林从斯宾诺莎对自由的否定定义那里学来的。斯宾诺莎对自由的定义是："出自其自然本性的纯然必然性而实存的东西，并且纯然自发来决定其行动的东西，可以认为是自由的。"① 斯宾诺莎的神永恒地只是据其自然本性而行动，因此总的来说，只是从内在性的必然性出发来行动。正因为如此，斯宾诺莎思想中不可能有"创造"。在他那里只有有限者和生成。雅各比曾经描述过该如何设想斯宾诺莎体系的这一图景："一切生成必定有一个不被生成的存在为根据……正因为如此，生成本身和存在一样，都不可能是被生成的，或者说不可能有其开端；或者说……永恒—不可变者……倘若它是其所是，那么如果没有可变者，那它就会单单独立独自存在，绝不会让生成得以产生。"所以结论就是："因此自永恒以来，可变者就已然依于不可变者而在。"② 不可变者与可变者相邻而在；所以不可能设想从此到彼的过渡。一方的必然性也是另一方的必然性。

---

① 斯宾诺莎，《伦理学》，第一部分，命题. VII。
② Jacobi, Friedrich Heinrich, *über die Lehre des Spinoza in Briefen an den Herrn Moses Mendelssohn*, 1785，载于：《雅各比著作集》，Klaus Hammacher, Walter Jaeschke 编，汉堡/斯图加特，卷 I，1，1998 年，第 93 页及以下。

所以自由只能被设想为没有外部强制的情况。因此在斯宾诺莎思想中，不可能有任何东西真正被"开启"。

晚期费希特的情况也与斯宾诺莎类似，谢林有可能不太了解费希特的晚期知识学。费希特认为，绝对者是一个封闭的个体，纯粹的统一体。绝对者拥有一种自身固有的显现；所以必然的推论就是，尽管这一显现乃是绝对者的显现，但这并不意味着，绝对者固有一种显现就能使基于绝对者而产生的显现过程得到把握。在显现和绝对者之间，张开了一条绝对非理性的裂隙。

所以谢林的观点截然相反，他认为自由的神必须被设想为有引发开端之能力的神。神必须不仅能开启某物，还必须能够开启自身，换言之：神必须意愿自己是神。就这一观点来说，谢林所要求的建构，实际上要展开为对神谱进程的建构，这一点在此无法详述。但我们只需要知道结论就行了：神必须拥有历史。谁要是想超越斯宾诺莎意义上内在必然性的自由来自由地思想神，那么谁就必须在神之中思想运动和变化，进而也一并思想否定。

神的历史必定要与其创造一道思考，而这必定也伴随着历史性的人自身的历史，而所有这些都是无法先天把握的。其至"人类堕落到恶中"这一点，也不足以解决不能先天把握的问题。因为"堕落"只能通过行动得到认识。而行动则展现出一个因为并非出自任何必然性、所以无法概念把握的开端。但一个概念也是一个运动的开端，运动则会指向终点和目的。在开端中，终点已然被意愿，终点并非一个已经在的东西，而是一个应该在的东西。"能够开启"意味着"意愿"，而有一个终点就意味着"被意愿之物"。所以只要有终点，那就意味着有一种自由在意愿它，所以不能把终点设想为非自由。自由也只会向自由开启自己。所以不管在何种意义上看，"应该"都先于"存在"。

所以结论就是，意愿会设定开端，进而也会设定终点。就这一点来看，必然性可能会被涉及，但开端之为开端，在于没有任何必然性先行于它。如果自由意愿自身，那么就会产生这种自由意愿的结果，也就是伦理法则。但这一结果必须从开端出发来理解，而不是反过来。谢林的这个观点可以从人类经验中得到说明。比如并没有任何东西强迫我们去开始一段友谊，其至也没有什么伦理命令强迫我们如此。但当我们走入一段关系时，自然而然就会产生伦理结果。在启示哲学的《原稿》中，谢林把自由称为"我们和神性的最高者"①，之后又把它称为"我们的最高者，我们的神性"。② 在这两个文本里，谢林之后说的话几乎完全相同："我们意愿自由是万物最终的原因。"③

我们意愿自由地存在。但在谢林看来，如果按斯宾诺莎的方式，我们甚至都不能自由思想。因此，我们为了自身的自由之故，必定要意愿自由为万物的最终原因。

一种被设想为概念结构的理性，只可能把启示视为奥秘。这种理性全然不可能认识现实性，遑论作为自由行动的启示。尽管认识现实确实也是以"理性"的方式被设想的理性愿望。但这种理性所能认识的现实，也必须反过来不能被设想为非理性甚至反理性的。但如果现实就是开端性的活动自身，也就是自由，如果现实性除了在其活动中，除了被视为自由之外再无其他方式被设想，那么自由就是理性的。但理性是普遍性的要素，它向每一个人展示自己，或者说：理性向每一个人启示自己。希腊语把理性的这种总体关联

---

① 《启示哲学原稿》，79。
② 《启示哲学》，SW XIII, 256。
③ 《启示哲学原稿》，79。《启示哲学》，SW XIII, 256。

特质称为"逻各斯"。当理性仅仅抽象地被思考，仅仅被认为是在进行一种自身反思之际，启示与理性就彼此割裂了。但作为自由的哲学，肯定哲学则要论述，理性与启示——特别是以基督教为例——乃是同一个逻各斯。

　　谢林的"启示哲学"是他漫长哲学生涯的终点。到了这最后的时刻，他早在 1795 年就放出的话才得到了全方位的展开："一切哲学的开端和终点都是自由！"①

---

① 《论自我》，AA I, 2，101.（SW I, 177）。同见《致黑格尔》，1795. 02. 04，AA III, 1, 22。

余论　为什么要读谢林?

在前面几章里，我们已经试着在谢林哲学生涯中具有标志性的主题里呈现他的哲学，并以此方式试着引导读者去阅读和理解谢林哲学——当然，得承认这确实不太容易。我想通过这种引导，人们现在可以去读一读谢林的文本并对之进行学术讨论了，毕竟在学术论文，尤其是在哲学系的考试论文里，总归是要去面对谢林的。而正如在导言中已经提到的，现在去讨论谢林正当其时。毕竟在哲学史上，谢林是一个颇具意味的重要人物。"从事哲学史研究"听起来可能有点名声不好，特别是在仿佛有些"狂躁"的现时代癖好下尤其如此，但实事求是地把哲学划分为理论哲学和实践哲学，并为此进行合乎历史的奠基，难道不是殊为必要的吗？不过，仅仅有对哲学史的兴趣也是不够的。事实上，像谢林本人这样对哲学史有极大兴趣的人，也从未只满足于哲学史。

在谢林 200 周年诞辰之际，汉斯·米夏埃尔·鲍姆加特纳（Hans Michael Baumgartner）出版了一卷《谢林哲学导论》，在开头他引用了奥多·马夸特（Odo Marquardt）的话："谢林——我们隐姓埋名的同时代人。"马夸特用这句话是针对那些"近来对谢林的那些幼稚看法"①，进而指明，谢林的思想动机和形象在他之后的哲学讨论历程中的重要性，同时指明，谢林思想对这些讨论的超越。然而实际上，在谢林身后，或许根本就没有任何所谓的"幼稚看法"能入得了他的法眼。谢林的要求乃是一种真理的要求。人们或许更喜欢以怀疑的、后现代的方式一再无视这一要求，并且也更喜欢以谢林为例表明，凭着一种要求真理的哲学，恰恰是走不远的！可这其实是在故意低估谢林的威力，而这种低估实则是人们的自我低估！真正成疑，或者说真正应考察的是这种低估，而不是去证明"为什么需要谢林"，或者说，为什么需要真正面貌的

---

① Marquardt, Odo, *Schelling — Zeitgenosse inkognito*，载：*Schelling：Eine Einführung in seine Philosophie*，Hans Michael Baumgartner 编，弗莱堡/慕尼黑，1975 年，9—26 页，25 页。

谢林。

　　无论如何，谢林都比其他德国古典哲学家更像是我们的同时代人——马夸特也正是这个意思。费希特比谢林早去世 40 年，他甚至都没机会去体验什么叫"下馆子"。黑格尔则比谢林早去世 23 年，他也没有经历过德国的三月革命。但谢林却经历了许多，比如在 1835 年德国铺设第一条铁路的时候，他就去尝试了坐火车。他也是历史上第一个拍过照片的哲学家，现在他还有一张用达盖尔照相法拍摄的照片存世。无论如何，谢林比费希特和黑格尔都更加明晰地体验过现代性世界的开启。

　　但谢林并没有为这个现代化的世界喝彩。这就很容易让他戴上了"保守"，甚至"反动"的帽子，被一脚踢进历史的角落，人们通常都是这样对待那些"多少需要知道一点"但又懒得与之争辩的人。谢林看到了来临中的现代性，但他是带着批判的眼光看的。他尤其强调了现代性所包含的一种内在无方向性，正如我们前文引用的，他强调，若无开端就不可能去思考终点。但他的批判也并不止限于对时代的批判，而是指向整体，谢林并不止于衍生性的问题，他的追问并不止于主体性、自身意识以及类似的东西，他要追问的是最终之物，或者正如他自己说的，追问最高之物，而这个最高之物正如前文已经标明的，乃是自由。

谢林对于自由的终极性追问的思想要归功于康德，在这一点上谢林始终忠于康德，确切地说，谢林忠诚于康德的方式在于，他远比康德问得更深。如果说，康德已经把自由设想为本原，那么谢林要进一步追问的则是现实的、活生生的自由。随着谢林的年纪渐长，他所思考的本原也就愈加并非仅仅是思想性的本原，而是实实在在的开端；因为思想性的本原自身不过是必然性的环节罢了。谢林思想的那个蕴含在"本原"这个词中促使人不得不去思想它的那个东西，乃是开端和源头。

谢林所见的，是一个只由 *causa efficiens*（效果因）而不是 *causa finalis*（目的因）支配的世界正在兴起。① 用现代哲学的话说，这个世界充满了依赖性、必然性、合法则性以及外在强制（Sachzwang）。谢林通过把自由之思发挥到彻底和极致，批判了这个充满种种外部强制的世界，却没有进一步展开。他对于与

---

① Jacobs, Wilhelm G.： *Anerkennung und Organismus，Zu Schellings Freiheitskonzeption*，载：*Anerkennung. Eine philosophische Propädeutik*，FS Annemarie Pieper, Monika Holmann-Riedinger, Urs Thurnherr 编，弗莱堡/慕尼黑，2001 年，160—169 页。

这种世界观相对抗的方案阐述得很言简意赅，或许对他自己来说，这种程度上的批判就够了。

如果仅仅把谢林的现代性批判理解为对它的拒斥，或者更确切地说，理解为对它的分析，那大抵是误解了谢林的批判思想。就算承认这是一种"分析"，也仍要看到，谢林把这种需要批判的境况本身也把握为一种危机。如果自由被设想为开端，更确切说，被设想为活生生的开端，那么一种危机也就是一个生命的过程。危机不是灾难，危机乃是机遇。正如植物若要生机勃勃，那它就必须展开自己的内在性，把自己拓展在自己不同的面向中，精神也是如此。危机是精神自身运动的环节。如果在危机中，本就难以为继的东西分崩离析，那么它们也是被可持久的东西排除消解的。因此，倘若危机是对谬误的批判，那么始终需要注意和思考的是，谬误并非无意义。无意义的东西是不值得思想的，但谬误值得思想；因为倘若真理不是毗邻于谬误而在，那人根本就不会犯错。

当他谈论危机时，谢林看到的是一个希腊词的更深意义，这个词就是"审判"。审判只能判定错误，人在相当程度上不仅不希望犯错，还一直在渴望免于犯错。而谢林所思考的那种终极自由，恰恰是那种不断

— 221 —

经历危机、并一再在危机中获得希望的自由。

谢林是我们的同时代人，是"进行着批判的同时代人"。如果看到今天的情况，他或许也会用康德的那句名言要求我们："要有勇气运用你自己的理智！"那我想他还会再加上自己的那句："也要有勇气把自由思考为你身上最高的东西！"

我们真要读谢林吗？非读不可吗？我们真的需要去了解他对当下的那些批判性观点吗？问这些问题的人，自己只消去读几句谢林就知道了。但严肃来看，"对谢林的需要"确实已经产生了，所以读他也确实是必要的。这种需要毫无疑问是实实在在的。不过既然谢林公允地把哲学的开端规定为自由，所以接受和承认一个要求这件事本身，也得是一个自由的行为。谢林本人对于"对谢林的需要"大抵也会这么说。所以说，必须读谢林吗？当然不是。但倘若你有了读的意愿，那你就已经自由地选择了这种必然。

参考文献[①]

援引的谢林文本

Elegie bei Hahn's Grabe gesungen. 1790. （AA I，1.）

Antiquissimi de prima malorun humanorum origine philosophematis Genes. III. Explicandi tentamen criticum et philosophicum. 1792. （AA I，1.）

Ueber Mythen, historische Sagen und Philosopheme der ältesten Welt. 1793. （AA I，1.）

„Timaeus." (1794), hrsg. v. Hartmut Buchner, Stuttgart-Bad Cannstatt 1994.

（《〈蒂迈欧〉译注》，将由王丁在另套文集中翻译）

Ueber die Möglichkeit einer Form der Philosophie überhaupt. 1794. （AA I，1.）

（《哲学本身的一个形式的可能性》，收入汉译谢林著作集《早期唯心主义著作》卷）

Vom Ich als Princip der Philosophie oder über das Unbedingte im menschlichen Wissen. 1795. （AA I，2.）

（《论自我作为哲学的本原》，收入汉译谢林著作集《早

[①] ［译注］另附上所引谢林著作汉译情况和部分汉译名。二手文献为方便读者搜索，不另给出译名。

— 223 —

期唯心主义著作》卷）

De Marcione Paullinarum episolarum emendatore. 1795. （AA I, 2. ）

Philosophische Briefe über Dogmatismus und Kriticismus. 1795. （AA I, 3. ）

（《关于独断论和批判主义的哲学书信》，收入汉译谢林著作集《早期唯心主义著作》卷）

Neue Deduction des Naturrcchts. 1796. （AA I, 3. ）

Allgemeine Uebersicht der neuesten philosophischen Litteratur. 1797/1798. （AA I, 4. ）

Ideen zu einer Philosophie der Natur. 1797. 1803. （AA I, 5. ）

（《自然哲学的理念》，收入汉译谢林著作集，庄振华译，北京大学出版社，2022 年）

Von der Weltseele, Eine Hypothese der höhern Physik zur Erklärung des allgemeinen Organismus. 1798. 1806. 1809. （AA I, 6. ）

（《论世界灵魂》，庄振华译，北京大学出版社，2018 年）

Erster Entwurf eines Systems der Naturphilosophie. 1799. （AA I, 7. ）

（《自然哲学体系最初方案》，收入汉译谢林著作集《先验唯心论体系》卷）

Einleitung zu seinem Entwurf eines Systems der Naturphilosophie. 1799. （AA I, 8. ）

（《自然哲学体系最初方案导论》，收入汉译谢林著作集《先验唯心论体系》卷）

System des transscendentalen Idealismus. I800. （AA I, 9. ）

（《先验唯心论体系》，已有梁志学、薛华译本，商务印书馆；同时收入汉译谢林著作集《先验唯心论体系》卷）

Allgemeine Deduction des dynamischen Proceβes oder der

Categorien der Physik. 1800.（AA I, 8.）

（《对动力学进程或物理学范畴的一般演绎》，收入汉译谢林著作集《对我的哲学体系的阐述》卷）

Darstellung meines Systems der Philosophie. 1801.

（《对我的哲学体系的阐述》，收入汉译谢林著作集《对我的哲学体系的阐述》卷）

Bruno oder über das göttliche und natürliche Princip der Dinge. Ein Gespräch. 1802.

（《布鲁诺——论事物的神性本原和自然本原》，已有邓安庆译本，商务印书馆；同时收入汉译谢林著作集《布鲁诺》卷，庄振华译，北京大学出版社，2020 年）

Fernere Darstellungen aus denm System der Philosophie. 1802.

（《基于哲学体系的进一步阐述》，收入汉译谢林著作集《对我的哲学体系的阐述》卷）

Kritisches Journal der Philosophie.（hrsg. mit Hegel.）1802.

Philosophie der Kunst. 1802.

（《艺术哲学》，有魏庆征译本；同时收入汉译谢林著作集《艺术哲学》卷，先刚译，北京大学出版社，2021 年）

Vorlesungen über die Methode des academischen Studium. 1803. 1813. 1830.

（《学术研究方法论》，收入汉译谢林著作集《学术研究方法论》卷，先刚译，北京大学出版社，2019 年）

Propädeutik der Philosophie. 1804.

（《哲学导论》，收入汉译谢林著作集《哲学与宗教》卷，先刚译，北京大学出版社，2017 年）

System der gesammten Philosophie und der Naturphilosophie ins-besondere. 1804.

（《全部哲学尤其是自然哲学体系》，收入汉译谢林著作集，单独成卷）

Philosophie und Religion. 1804.

（《哲学与宗教》，收入汉译谢林著作集《哲学与宗教》卷，先刚译，北京大学出版社，2017 年）

Aphorismen zur Einleitung in die Naturphilosophie. 1805.

（《自然哲学导论箴言录》，收入汉译谢林著作集《哲学与宗教》卷，先刚译，北京大学出版社，2017 年）

Darlegung des wahren Verhältnisses der Naturphilosophie zu der verbesserten Fichte'schen Lehre. Eine Erläuterungsschrift der ersten. 1806.

（《对自然哲学与费希特改良过的学说间真正关系的澄清》，将由王丁在另套文集中翻译）

Rez. von Fichtes：Über das Wesen des Gelehrten und seine Erscheinungen im Gebiete der Freyheit. 1806.

Über das Verhältniß des Realen und Idealen in der Natur. Oder Entwickelung der ersten Grundsätze der Naturphilosophie an den Principien der Schwere und des Lichts. 1806. 1807.

Über das Verhältniß der bildenden Künste zu der Natur. Eine Rede. 1807. 1825. 1843.

（《论造型艺术与自然的关系》，收入汉译谢林著作集《艺术哲学》卷，先刚译，北京大学出版社，2021 年）

Philosophische Untersuchungen über das Wesen der menschlichen Freiheit und die damit zusammenhängenden Gegenstände. 1809.

（《论人类自由的本质及相关对象》，有薛华译本，辽宁教育出版社、中国法制出版社；邓安庆译本，商务印书馆；先刚译本，北京大学出版社）

Stuttgarter Privatvorlesungen. 1810.

（《斯图加特私人讲授录》，收入汉译谢林著作集《论人类自由的本质及相关对象》卷，先刚译，北京大学出版社，2019 年）

Die Weltalter. 1811. 1813. 1815.

（《世界时代》，收入汉译谢林著作集《世界时代》卷，先刚译，北京大学出版社，2018 年）

Denkmal der Schrift von den göttlichen Dingen etc. des

Herrn Friedrich Heinrich Jacobi und der ihm in derselben gemachten Beschuldigung eines absichtlich täuschenden，Lüge redenden Atheismus. 1812.

（简称为《驳雅各比》，将由王丁在另套文集中翻译）

Allgemeine Zeitschrift von Deutschen für Deutsche. 1813.

Über die Gottheiten von Samothrace ［...］ Beilage zu den Weltaltern. 1815.

Erlanger Vorträge in den Jahren 1821 - 1825.

（《埃尔朗根讲座》，收入汉译谢林著作集《全部哲学的本原》卷）

Einleitung in die Philosophie，hrsg. v. Walter E. Ehrhardt，Stuttgart-Bad Cannstatt 1989.

Urfassung der Philosophie der Offenbarung. 1832. Hrsg. von Walter E. Ehrhardt，Hamburg 1992.

Philosophie der Mythologie. 1842 ff.

（《神话哲学》，含 2 个导论及 2 卷正文，在汉译谢林著作集中分布为 4 卷）

Philosophie der Offenbarung. 1841 ff.

（《启示哲学》，含 1 个导论和 2 卷正文，在汉译谢林著作集中分布为 3 卷，王丁译，北京大学出版社，《导论》2019 年，正文 2022 年）

Aus Schellings Leben in Brifen，hrsg. v. Gustav Leopold Plitt，Bd. 1，Leipzig 1868.

F W. J. Schelling. Briefe und Dokumente，hrsg. v. Horst Fuhrmans，Bd. 1，Bonn 1962.

援引的二手文献

BECK，LEWUS WHITE：Kants „ *Kritik der praktischen Vermmnfi* “. *Ein Kommentar*，ins Deutsche übersetzt von Karl-Heinz Ilting，München 1974.

Biblia sacra.

— *Genesis.*

— *Sprüche Salomons.*

— *Evangelium secundum Matthaeum.*

— *Evangelium secundum Marcum.*

BRAUN, HERMANN: Ein Bedürfnis nach Schelling, in: *Philosophische Rundschau*, Bd. 37, 1990, S. 161 – 196; 298 – 326.

BUCHHEIM, THOMAS: „ Metaphysische Notwendigkeit des Bösen "

Über eine Zweideutigkeit in Heideggers Auslegung der Freiheitsschrift, in: *Zeit und Freiheit. Schelling-Schopenhauer-Kierkegaard-Heidegger. Akten der Fachtagung der Internationalen Schelling-Gesellschaft Budapest, 24. bis 27. April 1997*, hrsg. v. István M. Fehér und Wilhelm G. Jacobs, Budapest 1999, S. 183 – 191.

EHRHARDT, WALTER E. : Nur ein Schelling, in: Atti del Convengo internationale di studio. Il concetto di natura. Schelling e la „ Critica del giudizio ". Urbino. Università, ottobre 1975, in: *Studi Urbinati 51* (1977), S. 111 – 122.

FICHTE, JOHANN GOTTLIEB: *Versuch einer Critik aller Offenbarung*, Königsberg 1792.

— [Rez.] Aenesidemus, oder über die Fundamente der von dem Hrn. Prof. Reinhold in Jena gelieferten Elementar-Philosophie. Nebst einer Vertheidigung des Skepticismus gegen die Anmaßungen der Vernunftkritik. 1792, in: *Allgemeine Literatur-Zeitung*, Jena 1794.

— *Ueber den Begriff der Wissenschaftslehre oder der sogenannten Philosophie*, Weimar 1794

— Zweite Einleitung in die WissenschaftsLehre für Leser, die schon ein philosophisches System haben, in: *Philosophisches Journal einer Gesellschaft teutscher Gelehrten*, Bd. 5 und

6, 1797.

J. G. Fichte-Gesamtausgabe, hrsg. v. Reinhard Lauth, Erich Fuchs, Hans Gliwitzky und Hans Jacob, Bd. III, 5, hrsg. v. Reinhard Lauth und Hans Gliwitzky, Stuttgart-Bad Cannstatt 1982.

FRANK, MANFRED: *Eine Einführung in Schellings Philosophie*, Frankfurt a. M. 1985.

— *Der unendliche Mangel an Sein. Schellings Hegelkeritik und die Anfänge der Marxschen Dialektik*, 2. Aufl. München 1992.

FRANZ, ALBERT: *Philosophische Religion. Eine Auseinandersetzung mit den Grundlegungsproblemen der Spätphilsphie F. W. J. Schellings*, Würzburg/Amsterdam 1992.

FUHRMANS, HORST: *Schellings Philosophie der Weltalter. Schellings Philosophie in den Jahren 1806 – 1821. Zum Problem des Schellingschen Theisms*, Düsseldorf 1954.

HEGEL, GEORG WILHELM FRIEDRICH: *Differenz des Fichte'schen und Schelling'schen Systems der Philosophie*. Jena 1801.

— *Phänomenologie des Geistes*, Bamberg/Würzburg 1807.

HERDER, JOHANN GOTTFRIED: *Ideen zur Philosophie der Geschiche der Menschhcit*. 1/84, 1785, 1787, 1791.

HESIOD: *Werke und Tage*.

HÖLDERLIN, FRIEDRICH: *Sämtliche Werke*, Bd. 4, 1, hrsg. v. Friedrich Beissner, Stuttgart 1961.

— *Frankfurter Ansgabe*, hrsg. v. D. E. Sattler, Bd. 17, Basel 1991.

HOGREBE, WOLFRAM: *Prädikation und Genesis. Metaphysik als Fundamentalheuristik im Ausgang von Schellings „ Dic Wehalter "*, Frankfurt a. M. 1989.

JACOBI, FRIEDRICH HEINRICH: Ueber die Lehre des Spinoza in Briefen an den Herrn Moses Mendelssohn. 1785, in:

Werke, hrsg. v. Klaus Hammacher und Walter Jaeschke, Hamburg/Stuttgart-Bad Cannstatt, Bd. 1, 1, hrsg. v. Klaus Hammacher und Irmgard-Maria Piske, 1998.

JACOBS, WILHELM G.: *Zwischen Revolution und Orthodoxie? Schelling und seine Freunde im Stift und an der Univrsität Tübingen. Texte und Untersuchungen*, Stuttgart-Bad Cannstatt 1989.

— *Gottersbegriff und Geschichtsphilosophie in der Sicht Schellings*, Stuttgart-Bad Cannstatt 1993.

— Schelling im deutschen Idealismus. Interaktionen und Kontroversen, in: *F W. J. Schelling*, hrsg. v. Hans Jörg Sandkühler, Stuttgart/ Weimar 1998, S. 66 - 81.

— Anerkennung und Organismus. Zn Schellings Freiheitskonzeption, in: *Anerkennung. Eine philsophische Propädeutik*, FS Annemaric Pieper, hrsg, v. Monika Hofmann-Riedinger und Urs Thurnherr, Freiburg/München 2001, S. 160 - 169.

JANTZEN, JÖRG: Die Philosophic der Natur, in: *F. W. J. Schelling*, hrsg. v. Hans Jörg Sandkühler, Stuttgart/ Weimar 1998, S. 82 - 108.

KANT, IMMANUEL: Beantwortung der Frage: Was ist Anfklärung? (1784), in: *Kants gesammelte Schriften*, Bd, VIII, Berlin 1923, S. 33 - 42.

— Muthmaßlicher Anfang der Menschengeschichte. (1786), in: *Kants gesammelte Schriften*, Bd. VIII, Berlin 1923, S. 107 - 123.

— *Metaphysische Anfangsgründe der Naturwissenschaft*, Riga 1786.

— *Critik der Urtheilskraft*, Berlin/Libau 1790.

— Die Religion innerhalb der Grenzen der bloßen Vernunft. (1793), in: *Kants gesammelte Schriften*, Bd. VI, Berlin 1907.

— Von einem neuerdings erhobenen vornehmen Ton in der

Philosophie. (1796), in: *Kants gesammelte Schriften*, Bd. VIII, Berlin 1923, S. 387 – 406.

KRINGS, HERMANN: Die Konstruktion in der Philosophie. Ein Beitrag zu Schellings Logik der Natur, in: *Aspekte der Kultursoziologie*, FS Mohammed Rassem, hrsg. v. Justin Stagl, Berlin 1982, S. 341 – 351.

— Natur als Subjekt. Ein Grundzug der spekulativen Physik Schellings, in: *Natur und Subjektivität. Zur Auseinandersetzung mit der Naturphilosophie des jungen Schelling. Referate, Voten und Protokolle der II. Internationalen Schelling-Tagung Zürich 1983*, hrsg. v. Reinhard Heckmann, Hermann Krings, Rudolf W. Meyer, Stuttgart-Bad Cannstatt 1985, S. 111 – 128.

— Von der Freiheit Gottes (394 – 403), in: *F. W. J. Schelling Über das Wesen der menschlichen Freiheit*, hrsg. v. Otfried Höffe und Annemarie Pieper, Berlin 1995, S. 173 – 187.

— Übersetzung ins Italienische durch Federica Vigano, in: *F W. J. Schelling: Ricerthe filosofiche sull' essenza della libertà umana e gli oggetti che vi sono connessi con un commentario* a cura di Annemarie Pieper e Otfried Höffe, (= Schellinghiana. Collana diretta da Wilhelm G. Jacobs e Francesco Moiso, Bd. 1) Milano 1997.

MARQUARDT, ODO: Schelling-Zeitgenosse inkognito, in: *Schelling. Eine Einführung in seine Philosophie*, hrsg. v. Hans Michael Baumgartner, Freiburg/München 1975, S. 9 – 26.

MOISO, FRANCESCO: Formbildung, Zufall und Notwendigkeit. Schelling und die Naturwissenschaften um 1800, in: *Schelling und die Selbstorganisation. Neue Forschungsperspektiven*, hrsg. v. Marie-Luise Heuser-Keßler und Wilhelm G. Jacobs (= *Selbstorganisation. Jahrbuch für Komplexität in* den Natur-, Sozial- und Geisteswissenschaften, 5), Berlin 1994, S. 73 – 112.

PIEPER, ANNEMARIE: Zum Problem der Herkunft des Bösen I: Die Wurzel des Bösen im Selbst (364 – 382), in: *F. W. J. Schelling. über das Wesen der menschlichen Freiheit*, hrsg. v. Otfried Höffe und Annemarie Pieper, Berlin 1995, S. 91 – 110.

PLATON: *Politeia*.

SCHLEGEL, FRIEDRICH: Ueber das Studium der griechischen Poesie, in: *Die Griechen und Römer. Historische und kritische Versuche über das Klassische Alterthum*, Neustrelitz 1797.

SCHMIED-KOWARZIK, WOLFDIETRICH: „ *Von der wirklichen, von der seyenden Natur. " Schellings Ringen um eine Naturphilosophie in Auseinandersetzung mit Kant, Fichte und Hegel*, Stuttgart-Bad Cannstatt 1996.

SCHULZ, REINHARD: Schellings Naturphilosophie und organische Konzeption der Naturwissenschaften-Bruch oder Kontinuität? in: *Die Naturphilosophie im Deutschen Idealismus*, hrsg. v. Karen Gloy und Paul Burger, Stuttgart-Bad Cannstatt 1993, S. 149 – 174.

SCHULTZ, JOHANN: *Erläunterungen über des Herrn Professor Kant Critik der reinen Vernunft*, Königsberg 1784.

[SCHULZE, GOTTLOB ERNST] *Aenesidemus oder über die Fundamente der von dem Herrn Prof. Reinhold in Jena gelieferten Elementar-Philosophie. Nebst einer Vertheidigung des Skepticismus gegen die Anmaaßungen der Vernunftkritik*, o. O. 1792.

SPINOZA, BENEDICTUS DE: Ethica more geometrico demonstrata, in: *Spinoza Opera*, Bd. 2, hrsg. v. Carl Gebhardt, Heidelberg 1925.

— *Tractatus theologico-politicus*, Hamburg 1670.

WIEHL, REINER: Schellings Naturphilosophie-eine Philosophie des Organismus? in: *Schelling und die Selbstorganisation. Neue Forschungsperspektiven*, hrsg. v. Marie-Luise Heuser-Keßler und Wilhelm G. Jacobs (= *Selbstorganisation. Jahrbuch für Komplexität in den Natur-, Sozial- und Geisteswissenschaften*, 5), Berlin 1994, S. 113 - 134.

WIELAND, WOLFGANG: Die Anfänge der Philosophie Schellings und die Frage nach der Natur, in: *Natur und Gesthichte*, FS Karl Löwith, Redaktion: Hermann Braun, Stuttgart/Berlin/Köln Mainz 1967, S. 406 - 440.

关于谢林的文献

Die ältere Literatur ist erfaßt von Guido Schneeberger in *Friedrich Wilhelm Joseph von Schelling. Eine Bibliographie.* Bern 1954.

Eine gute Übersicht über die neuere Literatur gibt: *F. W. J. Schelling*, hrsg. v. Hans Jörg Sandkühler, Stuttgart/ Weimar 1998.

Man findet ferner eine Bibliographie im Internet bei der Universität Bremen, und zwar dem Institut für Philosophie. Dort klicke man „ Bibliographie zum Deutschen Idealismus " an und weiter „ Schelling ".

Literatur, die in diesen drei Bibliographien verzeichnet ist, wird hier nicht genannt. Es findet sich also im Folgenden nur eine Ergänzung zu diesen Bibliographien, die der Verfasser mit freundlicher Genehmigung der Bibliographie der Schelling-Kommission der Bayerischen Akademie der Wissenschaften entuchmen durfte.

BACH, THOMAS: „ Für wen das hier gesagte nicht gesagt ist, der wird es nicht für tiberflüssig halten ", in:

Naturwissenchaften um 1800. *Wissenschaftskultur in Jena-Weimar*, hrsg. v. Olaf Breidbach und Paul Ziche, Weimar 2001, S. 65 – 82.

— Dem Geist der Zeit eine neue Richtung geben. Die Naturphilosophie und die naturphilosophischen Professoren an der Universität Jena, in: *Die Universität Jena. Tradition und Innovation um 1800*, hrsg. v. Gerhard Müller, Klaus Ries und Paul Ziche, Stuttgart 2001, S. I55 – 174.

BAUER, JOACHIM/MÜLLER, GERHARD/ZICHE, PAUL: Spezialisierung, Zentralisierung, Technologisierung, in: *Der Archivar 2002*, Beiband 5, S. 367 – 384.

BEIERWALTES, WERNER: *Das wahre Selbst. Studien zu Plotins Begriff des Geistes und des Einen*, Frankfurt a. M. 2001.

BREIDBACH, OLAF: Jenaer Naturphilosophien um 1800, in: *Sudhoffs Archiv für Geschichte der Medizin und der Naturwissenschaften* Bd. 50 ff: *Sudhoffs Archiv. Zeitschrift für Wissenschgftsgeschiche 2000*, Bd. 84, Heft 1, S. 19 – 49.

CAMPAGNA, NUNZIO: *Il linguaggio dei filosofi: Kant, Fichte, Schelling, Hegel*, Napoli 1998.

CESA, CLAUDIO: Schelling und die Geschichte der Philosophie-verstreute Bemerkungen, in: *Probleme der Subjektivität in Geschichte und Gegenwart*, hrsg. v. Dietmar H. Heidemann, 2002, S. 273 – 287.

CHARPA, ULRICH: Schleidens Kritik an Hegel und Schelling, in: *Jakob Friedrich Fries*, hrsg. v. Wolfram Hogrebe und Kay Herrmann, 1999.

CUSINATO, GUIDO: Oltre l'intuizine intelletuale, in: Filosofia e teologia, in: *Rivista quadrimestrale*, 2000, S. 555 – 570.

DANZ, CHRISTIAN: Atheismus und spekulative Theo-Logie, in: *Fichtes Entlassung*, hrsg. v. Klaus-M. Kodalle, 1999, S. 159 – 174.

DÜSING, KLAUS: *Subjektivität und Freiheit*, Stuttgart-Bad Cannstatt 2002.

ECKARDT, GEORG/JOHN, MATTHIAS/VAN ZANTWIJK, TEMILO/ZICHE, PAUL: *Anthropologie und empirische Psychologie um 1800*, Köln/Weimar/Wien 2001.

EHRENSPECK, YVONNE: Versprechungen des Ästhetischen, Opladen 1998.

FRANZ, MICHAEL: Die Natur des Geistes. Schellings Interpretation des Platonischen , Timaios' in Tübingen 1794, in: *Hölderlin Jahrbuch 1998* Bd. 30, S. 237f.

FRIGO, GIAN FRANCO: „ Der stete und feste Gang der Natur zur Organisation " in: *Naturwissenschaften um 1800. Wissenschaftskultur in Jena-Weimar*, hrsg. v. Olaf Breidbach und Paul Ziche, Weimar 2001, S. 27 – 45.

GRIFFERO, TONINO: *Oetinger e Schelling. Teosofia e realismo biblico alle origini dell' idealismo tedesco*, 2000.

HERMANNI, FRIEDRICH: *Das Böse und die Theodizee*, Gütersloh 2002.

HOFMANN, MANKUS: Die Natur als das nicht ganz Andere des Menschen, in: *Archiv für Rechts- und Sozialphilosophie* 1999 Bd. 85, S. 38 – 52.

HORSTMANN, ROLF-PETER: The early philosophy of Fichte and Schelling, in: *The Cambridge Companion to German Idealism*, hrsg. v. Karl Ameriks, 2000, S. 117 – 140.

HÜHN, LORE: Die intelligible Tat. Zu einer Gemeinsamkeit Schellings und Schopenhauers, in: *Selbstbesinnung der philosophischen Moderne*, hrsg. v. Christian Iber und Romano Pocai, 1998, S. 55 – 94.

JACOBS, WILHELM G. : , Der garstige breite Graben
'. Lessing, Kant und Schelling zum Verhältnis von Vernunft
und Tatsache, in: *Nenes zur Lessing-Forschung*. *Ingrid
Strohschneider-Kohrs zu Ehren am 26. August 1997*, hrsg. v.
Eva J. Engel und Claus Ritterhoff, Tübingen 1998, S. 169 –
180, -in: *Meiji University international exchange programms*.
Guest lecture series, No. 2, Tokyo 1998, S. 3 – 12.

— Schelling, Friedrich Wilhelm Joseph von, Philosoph, in:
Deutsche Biographische Enzyklopädie, Bd. 8, München 1998,
S. 596 – 597.

— Das Universum als Geschichte, als moralisches Reich.
Zum Verhältnis von Ethik und Geschichtsphilosophie bei Schelling. -
Übersetzung ins Spanische durch Marta Garcia Masegosa y Oscar
V. Fernandez Pita, in: *Una mirade a la filosofia de Schelling*.
*Actas del Congreso International Transiciones y pasajes:
naturaleza e historia en Scheilling*. *Santiago de Compostela
Octubre de 1996*, hrsg. v. Arturo Leyte Coello, Vigo 1999, S.
193 – 200.

— Friedrich Wilhelm Joseph (von) Schelling. Vernunft und
Wirklichkeit, in: *Philosophen des 19. Jahrhunderts*, hrsg. v.
Margot Fleischer und Jochem Hennigfeld, Darmstadt 1998, S.
55 – 69.

— Der Streit um Gott-ein Streit um den Menschen. Feuerbach
und Schelling, in: *Welt ohne Gott? Theoretischer und praktischer
Atheismus*, hrsg. v. Venanz Schubert, (= Wissenschaft und
Philosophie. Interdisziplinäre Studien, hrsg. v. Dems. Bd. 20)
St. Ottilien 2000, S. 85 – 103.

— Transzendentalphilosophie und Metaphysik. Überlegungen
zu Kant und Schelling, in: *Rozum jest wolny, wolnosc-rozumna*.
FS Marek Siemek, hrsg. v. Roberta Marszalka und Ewy
Nowak-Juchacz, Warszawa 2002, S. 119 – 134.

KAHLEFELD, SUSANNA: Spielerischer Idealismus.

Schellings Lösungsvorschlag zu einem zentralen Problem des Idealismus-in einem Nebengedanken der „ Weltalter " von 1811, in: *Selbstbesinnung der philosophischen Moderne*, hrsg. v. Christian Iber und Romano Pocai, 1998, S. 95‒118.

KOSLOWSKI, PETER: *Philosophien der Offenbarung*, Paderborn/München/Wien/Zürich 2001.

LETER, MICHEL: *L'heuristique retrouvée*; *Teilbd. 3. Un ramean perdu de la philosophie allemande*: *Baumgarten, Kant, Fichte, Schelling, Humboldt, Schleiermacher et Pheuristique*, Paris 1998.

MARSZALEK, ROBERT: Mythologie und instrumentale Vernunft, in: *Synthesis philosophica 2001*, vol. 16, fasc. 2, 2001. S. 331‒344.

MAYER, PAOLA: *Jena Romanticism and Its Appropriation of Jakob Böhme*, Montreal, &- Kingston, London/Ithaca 1999.

POGGI, STEFANO: *Il genio e l'unità della natura*, Bologna 2000.

TSOUZOPOULOS, NELLY: *Asklepios und die Philosophen. Die Auseinandersetzung der Medizin mit der Philosophie von Kant, Fichte und Schelling*, Stuttgart 2000.

ZANTWIJK, TEMILO VAN: *Pan-Personalismus. Schellings transzendentale Hermeneutik der menschlichen Freiheit*, Stuttgart-Bad Cannstatt 2000.

— und ZICHE, PAUL: Fundamentalphilosophie oder empirische Psychologie?, in: *Zeitschrift für philosophische Forschung*, 2000, S. 557‒580.

— Anthropologische Aspekte der , philosophischen Konstruktion ' der , Naturwissenschaft ' bei Schelling, in: *Naturwissenschaften um 1800. Wissenschaftskultur in Jena-Weimar*, hrsg. v. Olaf Breidbach und Paul Ziche, Weimar 2001, S. 107‒120.

ZECHER, REINHARD: *Das Ziel der Einheit. Verwirklichung*

einer Idee oder Ergebnis eines Selbstorganisationsprozesses? Bern u. a. 2000.

ZICHE, PAUL: Anthropologie zwischen Physiologie und Naturphilosophie, in: *Naturwissenschaften um 1800. Wissenschaftskultur in Jena-Weimar*, hrsg. v. Olaf Breidbach und Paul Ziche, Weimar 2001 S. 96 - 106.

ZIMMERMANN, RAINER E. : *Die Rekonstruktion von Raum, Zeit und Materie. Moderne Implikationen Schellingscher Naturphilosophie*, Bern u. a. 1998.

译后记

　　我萌生翻译此书的想法始于 2017 年，从当时起我就做了许多努力，也得到了许多师友的帮助，但总归因为一些"不可预思"的情况一再搁浅，直到现在才终于敲定，算是结了我长久以来的一桩心事。

　　雅各布斯此书篇幅不大，但提纲挈领，尤其是从康德哲学的遗留问题入手来切入谢林，更加契合目前国内外德国古典哲学研究的情况。作者对于谢林哲学的真诚，以及想把曾经加诸他身上的种种标签赶紧撕下的急迫，在字里行间表现得非常充分，而这也是我的急迫和诉求。

　　32 年前，我国就已出版了苏联著名哲学史家阿尔谢尼·古留加的《谢林传》，如今看来，这部作品仍是不可多得的经典谢林思想传记，它的译者也是永远值得我们尊敬的前辈老师：贾泽林老师、苏国勋老师、王炳文老师、周国平老师。雅各布斯的这本小册子在内容的细致上无法与之比肩，所以我仍想在此推荐古留加的这部经典。当然了，这本小册子也有优势——简便易读。

在国内，谢林研究曾长期是一个"冷门"方向，作为后学，我要感谢那些在这个方向上先行的前辈：梁志学教授、薛华教授、谢地坤教授、邓安庆教授、王建军教授、先刚教授、杨俊杰教授、翟灿教授、庄振华教授等。当然还有诸多学者在此方向上也做了很多努力，由于篇幅所限无法一一列出。

德国古典哲学是历史上的"过去"，但作为一种思想，我相信它永不过时。描绘星图和思想的天区，是学者的本分，希望这本小书能为此尽绵薄之力。

我的学生杨萌萱、毕之昂和汤云翔帮我做了一些技术性工作，在此也感谢他们。感谢东方出版中心的万骏老师和陈哲泓老师为此书出版付出的心血和努力！最后衷心感谢山东大学哲学与社会发展学院对本书出版的支持和资助！

王丁

2022 年 3 月 5 日